JN411773

물처럼 살리라

물처럼 살리라

정채상 수필집

세종출판사

■ 작가의 말

저녁노을은 마침표가 아닙니다

오늘도 저녁노을이 아름답습니다.

고운 빛깔만 모아 서쪽 하늘에 수를 놓습니다. 예쁘기도 하고 장엄하기도 합니다. 그제도 그랬고, 어제도 그랬을 것입니다. 사람들은 저녁노을이라는 말을 두고 하루의 마지막이라는 씁쓸한 의미를 덧씌웁니다. 한 발 더 나아가 인생의 노년기를 일컬어 황혼기라 빗댑니다. 그래서 황혼이라는 말이나 노을이라는 말을 들으면 마음이 편하지 않습니다. 허전해지고, 숙연해집니다. 한낱 자연현상을 두고 사람들이 사실을 깊이 따져보지 않고, 관념에 의존해 만들어낸 말일 거라 믿고 싶습니다. 황혼이나 저녁놀은 마침표가 아닙니다. 새로운 시작일 수도 있습니다.

그동안 모아둔 원고를 찾아내 먼지를 털고, 얼룩을 지워 책으로 묶어 봅니다. 수필이 갖추어야할 기본요건에도 미치지 못했음이 부끄럽고 안타깝습니다. 앞으로 새롭게 출발하는 마음으로 더 열심히 공부하며 하던 일에 정진 하렵니다. 독자님들의 가르침과 사랑을 기다립니다.

부족한 글이 책으로 세상에 나오기 까지 용기를 주고, 지혜를 모아준 친구 박일 아동문학가와 세종출판사 이동균 상무님께 감사드립니다.

2024년 가을 어느 날
양산시 오봉산 자락에서
薇菴 정채상 배

■ 추천사

노을에 서서 돌아보는 추억과 사랑과 회한

박일 (아동문학가, 수필가)

얼마 전입니다. 남해에서 대학동기 문우들 모임이 있다고 해서 동행을 했습니다. 내 친구지만 친구를 너무 모르고 있었습니다.

> 십여 년 전 자가 면역결핍 질환의 일종인 길랑-바레 증후군이라는 희귀병을 앓았었습니다. 쉽게 말하면 근육무력증이지요. 손가락하나 까딱할 수 없고, 말도 할 수가 없었습니다. 호흡곤란과 착시현상까지 일어나 인공호흡기를 달고 살았습니다. 위급상황이 닥칠 때 마다 의사를 찾아 병원 구석을 헤매고 80kg의 거구를 이리저리 돌려 눕히며 대소변을 받아내었지요. 이승과 저승의 경계선을 넘나드는 나도 힘들었지만 아내는 더 힘든 시간을 보냈습니다.
>
> -「아내의 간병」 부분

좋은 친구란 역경에 처했을 때 가장 잘 나타난다고 하지만, 인공호흡기를 달고 살았던 그 어려웠던 시절도 있었습니다.

내가 할 수 있는 것은 그의 글을 읽어주고, 문학가로 되돌리는 일이었습니다. 그러나 절박한 형편 앞에 문학이 어떤 힘이라도 있겠습니까? 제발 문학이 초능력이라도 가졌으면 좋겠습니다.

> 아내는 시력장애와 변비증세로 고생을 시작했습니다. 30대 젊은 나이에 왼쪽 눈 시력을 잃어 오른쪽 눈 하나에 의지해 생활 해 왔는데 이제 오른쪽 눈마저 나빠져 물체를 식별하지 못해 고생하는 와중에 변비까지 따라 붙었습니다. 이십 여일 씩 배변을 못해 애를 태우고 병원을 들락거렸지만 효험이 없다가 결국 대장이 파열되어 수술까지 하였습니다.
>
> -「아내의 간병」 부분

시간 내는 일이 여간 어렵지 않다고 했습니다. 이제는 아내가 심한 병마에 시달리고 있었기 때문입니다. 자녀들이 대신 아내를 지켜주어야 시간을 낼 수 있다고 했습니다. 요양보호사가 세 시간 정도 머물러주긴 하지만, 당신이 아내를 지켜주는 구세주였습니다.

너무 가련해서 눈물이 날 지경이었습니다. 도와주고 싶어도 도울 수 있는 방법이 없어 더 마음이 아팠습니다. 그래도 문학을 놓지 말아야 한다는 간청을 한 것이 틈틈이 문학을 손질하게 한 모양입니다.

이 글은 추천사가 아닙니다. 당신의 고달픈 삶에게 보내는 위로이며, 악수이며, 희망의 기도입니다.

2009년 40여년 근무했던 학교를 떠나면서, 기념 문집 『배우며 가르치며』를 펴냈습니다. 그 때 당신에게 보내는 「축시」를 다시 읽습니다.

> 그 앞에 서면/ 곁에 서도 그렇지.//
>
> 끝없이 펼쳐 놓은/ 호수에서 불어오는/ 넉넉한 바람을 만날 수 있을 거야.//
>
> 늘/ 훈훈하게/ 불어오는 봄바람 같은….//
>
> 그의 목소리를 들으면/ 곁에서 들어도 그렇지.//
>
> 발꿈치를 들고/ 복도를 걸어오고 있는/ 단정한 소리를 만날 수 있을 거야.//
>
> 늘/ 넘치지 않고/ 포근하게 흐르는 봄 소리 같은…
>
> - 졸시 「그 앞에 서면」 전문

당신은 후덕했습니다. 그래서 넉넉하고 훈훈한 바람이었고, 포근한 봄 소리였습니다.

이제 『물처럼 살리라』라고 합니다. 이게 좌우명이었다고 하니, 질풍노도와 같은 시절을 보내고, 물 흐르듯이 노을을 아름답게 맞이하며 살아가리라는 모습이 선연하게 그려집니다. H. 헤세는'물에서 배워라! 물은 생명의 소리, 존재하는 것의 소리, 영원히 생성하는 것의 소리다'라고 했습니다.

세월은 기다릴 줄 모르고 흘러가지만, 그 노을의 빛깔 속에 추억과 사랑과 회한은 무지개처럼 빛나고 아름답게 펼쳐 놓았습니다. 살아온 세월이 두께가 두터우니까요.

이 수필집이 신비의 약초가 되어 만사형통의 계기가 되고, 모두에게 추억과 행복을 주리라 믿습니다.

2024. 가을에

차례

■ 작가의 말 저녁노을은 마침표가 아닙니다 / 4

■ 추천사 **박일** – 노을에 서서 돌아보는 추억과 사랑과 회한 / 6

1부

남김없이 주는 사랑

상추쌈 17

아버지의 지게 22

동지 팥죽 28

한복 34

어머니의 바느질자 39

외갓집 다니던 길 44

시골 병원 50

피아노 55

아내의 간병 61

길랑-바레 증후군 67

어머니 73

2부

더불어 사는 삶

반면교사 81
약수터 86
깃발 91
동네 목욕탕 97
일등 시어머니 102
선행 108
초등학교 동창회 114
호롱불 119
온정으로 피운 꽃 124
호국보훈의 달 130
6.25 남침 136

3부

자연의 속삭임

자연의 사랑 145

왕산의 교훈 150

코로나 19 156

고삐 162

물처럼 살리라 167

겨울 산행 173

강변공원 178

노을 184

향수 188

4부

넓은 세상

화산이 만든 섬 제주 195

꼬마 등산대 201

설악산 봉정암 206

아! 금강산 214

보시의 나라 미얀마 222

기지개 켜는 중국 229

작지만 강한 나라 일본 236

5부

교육 단상斷想

공교육이 무너지고 있다 243
텃밭 250
배구장의 악바리들 255
촌사람 260
가정방문 265
소풍 270
쑥섬의 가족학교 275
방학 281
주말 농장 286
취미 291
우리의 소원은 통일 296
부모는 가장 훌륭한 스승이다 303

1부

남김없이 주는 사랑

상추쌈 | 아버지의 지게 | 동지 팥죽 | 한복 | 어머니의 바느질자
외갓집 다니던 길 | 시골 병원 | 피아노
아내의 간병 길랑-바레 증후군 | 어머니

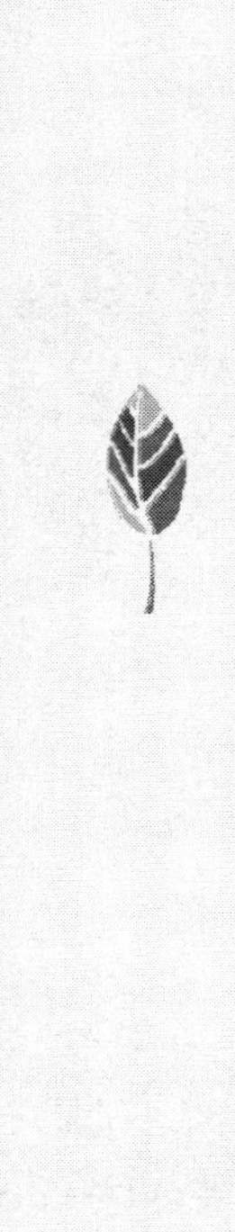

상추쌈

아침 잠자리에서 뒤척이고 있는데 전화벨이 울린다. 이 시간대의 전화는 십중팔구 어머니의 전화다. 아내가 잠에서 깨어 전화를 받는다. 아니나 다를까 어머니 목소리다. 목소리가 밝은 것으로 보아 몸이 불편한 것 같지 않아 우선 안심이다. 여든 노인이 시골에 혼자 지내시니 이것저것 걱정이 많다. 전화를 걸어오면 용건을 다 확인하고 나서야 비로소 안심이 되고, 전화를 해서 통화가 이루어지지 않으면 불길한 생각이 꼬리에 꼬리를 문다. 오늘 전화는 채소를 택배로 보냈으니 형제 식구들과 나눠 먹으라는 내용이다. 어머니는 해마다 우리 동기 다섯 남매와 손자·손녀 집 까지 일곱 집 밑반찬과 채소를 대어준다. 간장·된장·고추장·청국장 등의 밑반찬은 기본이고, 계절에 따라 밭에서 직접 가꾸어낸 무공해 채소. 지리산 자락에서 채취한 산나물·과일과 함께 이들을 재료로 어머니 특유의 솜씨로 맛을 낸 반찬들이 단골 메뉴다. 보통 사람들에게는 별것 아닐지 모르지만 우리들에게는 더 이상 좋은 음식이 없다. 어릴 때부터 길들여 온 입맛 때문이기도 하지만 어머니의 정성과 사랑이 고스란히 녹아 있는 음식이기 때문이다. 특히 들깻잎 양념 무침은 우리뿐 아니라 맛을 본 친지들 모두에게 인기가 높다.

초등학교 시절 우리 집 마당은 송아지를 비롯한 어린 가축들이 섞여 장난치고 달리기하며 힘자랑하던 가축 운동장이었다. 그들 틈에 황갈색 깃털이 멋진 토종 암탉 한 마리가 있었다. 몸이 작고 온순하여 다른 가축들을 피해 다니며 눈칫밥을 먹곤 했는데 꽃샘추위가 봄과 자리다툼을 시작할 무렵 슬쩍 자취를 감추고, 비좁은 둥지에 들어앉아 식음을 전폐하며 품은 알에 생명의 혼을 불어넣으며 힘든 시간을 보내더니 개나리 꽃소식과 함께 예전과 전혀 다른 모습의 어미닭이 되어 노랑 병아리들을 마당에 채웠다. 마당을 누비며 세상을 가르치고, 모이를 쪼아 병아리들의 배를 불리다 찬바람에 나뭇가지가 움츠러들면 자신의 품속으로 새끼들을 불러들여 체온으로 사랑을 전한다. 새끼들이 위험에 노출되면 저보다 몇 배나 등치가 크고 사나운 어미 개·고양이·돼지새끼들에게 까지 엄포를 놓고, 선제공격을 가하여 새끼들을 보호한다. 평소 온순하던 작은 체구 어디에 그런 용맹과 희생정신이 숨어 있었는지 모를 일이다. 어머니의 모성을 감히 한낱 짐승에 비유할 수 있으랴만 밑반찬과 무공해 식품을 마련하기 위한 노력과 자식들을 챙기는 정성이 지극하고 유별나서 우리 어머니를 따를 사람이 흔치 않다. 암탉의 희생정신과 우리 어머니의 희생정신은 닮은 데가 많다. 간장·된장·고추장·청국장 담그는 일이 얼마나 힘들고 귀찮은 일일까 마는 우리 어머니에겐 이 일보다 더 즐거운 일이 없다. 종종 이웃 사람들이 "새끼들 생각하는 정성이 설매실댁 따를 사람이 대한민국에 있을까. 설매실댁 죽고 나면 자식들은 뭐하고 밥을 묵을꼬." 듣기에 따라서는 빈정대는 말로 들릴 수도 있는 농담이지만 어머니는 상관하지 않고 오히려 즐기는 편이다.

성치 않은 무릎이 화를 내고, 몸살을 앓아 병원신세를 지는 횟수가 많아진다. 밤나무 밭에 들어가 밤을 줍다가 살모사를 발견하고 끝내 '그 놈을 잡아 죽였노라.'며 무용담처럼 자랑하실 때는 눈앞이 캄캄해진다. 이 처럼 위험에 노출되는 소식을 접할 때마다 한 집에 모시지 못하는 죄스러운으로 마음이 아프다. 기회를 보며 우리 곁에 모시려고 설득해 보지만 번번이 "내가 그 지옥 같은 곳에 가서 어떻게 살란 말이냐."라며 일언지하에 거절이다. 병원에 갈 일이 생기거나 명절이 되어 우리 집에 모셔오면 집에 발을 들여 놓으면서부터 돌아갈 걱정을 앞세운다. 증손자 손녀의 재롱에 빠지는 것도 잠시 자연으로 돌아가지 못해 안달하는 새장 안 새처럼 거실을 서성이거나 창밖을 내다보며 비워둔 집 걱정과 밭에서 자라고 있는 농작물 걱정으로 태산을 쌓는다. 셀 수도 없는 핑계들을 앞세우지만 자식들에게 신세지지 않겠다는 당신의 밑바닥 마음을 우리는 눈치 채 알고 있다. 채소밭을 가꾸거나 나물 뜯으러 산에 가는 일만이라도 그만두라고 사정하지만 소용없다. 당신께서 하고 싶고, 당신이 즐거워하는 일인데 왜 그걸 못하게 막느냐며 역정을 내곤 한다. 이 일로 바른말 잘하는 둘째와 막내 두 동생하고는 소원해져 말을 않고 지내기도 했다. 하는 수 없이 모시는 문제를 차후로 미루고, 당신의 뜻을 존중하여 있는 그대로의 사랑을 받아들이기로 했다. 시골에 다녀오는 날은 자동차 트렁크는 물론 앞자리 뒷자리 주먹하나 들어갈 틈이 없다. 봉지마다 어머니의 정성이요, 자루마다 사랑이다. 차례차례 동생들 집과 증손자네 집을 돌아 종착역인 우리 집에 도착해 보면 번지수를 잘못 찾아온 보따리가 발견되는 해프닝으로 의미 있는 웃음을 터트리기도 한다.

내리사랑이라는 말이 있긴 하나 한 점 갈등과 주저 없이 모든 것을 우리들에게 내주신다. 당신 몫을 우선해서 챙기는 일은 한 번도 보지 못했다. 항상 당신의 몫은 머릿속에도 존재하지 않았다. 그러나 어리석은 우리들은 값진 물건을 손에 넣었을 때 여러 개의 선택지 중 하나로 당신을 생각했고, 우선순위에서도 어머니는 늘 후순위가 아니었던가. 30대 후반 이름 모를 병으로 고생하신 적은 있으나 노인에게 흔한 대사증후군 같은 질환을 포함해서 건강상 문제가 없었고, 동년배 어르신들 보다 젊고, 활동력이 돋보여 우리를 기쁘게 했는데 최근에는 활기가 줄고 목소리마저 힘이 빠진 듯하다. 겉모습도 해가 다르게 변하고, 매사 자신감을 잃어가고 있어 우리들을 안타깝게 하고 있다. 동네 연세 높은 어른들이 하나 둘 돌아가시면 당신 차례가 가까워 온다는 불안감으로 잠을 이루지 못한다는 말을 자주하신다. 가슴이 저려오고, 깊은 회한이 덮친다.

'어머님 힘내셔요. 반찬과 채소를 받아먹고 걱정해 주셔야 될 우리가 있잖아요. 이젠 우리들 곁에 오셔서 남은 사랑 다 주시고 증손자 증손녀 재롱 속에서 용감하고 씩씩하게 오래 오래 살아 주세요. 우리들에게 되돌려 받으실 것들은 모두 챙기시고요.'

'사랑합니다.'

저녁에는 가깝게 살고 있는 딸과 사위 식구들을 초청하여 어머님이 택배로 보내준 상추와 산나물·어머니 표 양념장으로 쌈 파티를 하기로 했다. 종일 어머니 냄새가 솔솔 나서 저녁때가 기다려진다.

아버지의 지게

시골 어머니로부터 아래채를 철거하자는 전화를 받았다. 군데군데 기왓장이 흘러내려 서까래가 드러나고, 벽이 허물어져 더 이상 두고 보기 민망스러운 모양새다. 수리를 하거나 철거하는 것이 좋겠다고 여러 차례 건의를 했으나 그때마다 완강하게 반대하던 어머니다. 살날이 얼마 남지 않았는데 노력과 비용이 아깝다는 것이 전자의 이유이고, 작은 물건 하나라도 그냥 버리지 못하는 성품인데다 뜰아래채에 깃들어있는 아버지의 추억이 함께 사라진다는 두려움이 후자의 이유였다. 어머니가 이 어려운 결정을 내리기까지 자식들의 체면과 비용과 아버지에 대한 정情 사이를 넘나들며 얼마나 힘들게 긴 시간을 보냈는지를 가히 짐작하고도 남음이 있었다. 막상 어머니의 전화를 받고 보니 이 지경에 이르도록 관리를 잘못해 온 송구함이 가슴을 누르고, 문제의 아래채를 지을 때 먼 산에서 나무를 베어다 손수 다듬으며 땀 흘리던 아버지의 얼굴과 뜰아래채를 다 지어 놓고 희색이 만면하여 어린애처럼 좋아하던 아버지의 모습이 번갈아 떠오르며 마음을 흔들어댄다.

헐리는 운명을 맞은 아래채는 부엌을 입식으로 개량하기 전까지 화장실과 농기구 수납창고로 쓰이던 두 칸짜리 목조 건물이다. 안에 어떤 물건이 어떤 상태로 들어 있는지 오랫동안 우리 식구들이 잊고 지냈던 공간이다. 들어 있던 물건을 하나하나 들어낼 때마다 식구들의 입에서 탄성이 새어 나왔다. 물건마다 아버지의 체취와 손때가 오롯하게 남아 있었기 때문이다. 지게·발채·멍에·쟁기 한마루·극젱이 보습·길마·써레몽둥이·고무래·가마니틀 바디·훑손 등등. 그 중에서도 지게가 가장 친근한 모습으로 다가온다. 다른 것들은 일 년에 한 두 번의 역할로 소임을 다하는 것이지만 지게는 아이들의 책가방처럼 비가 오나 눈이 오나 사시사철 아버지의 등에 붙어 다녔던 물건이기 때문이다. 우리가 아버지를 알기 훨씬 이전부터 아버지의 단짝이었고, 돌아가실 때 까지 동전의 앞뒷면처럼 가까운 사이가 아니었던가.

아버지의 지게는 우리 식구들의 행복을 날라다주는 산타클로스 할아버지의 썰매였으며 어려움을 해결해주는 해결사였다. 우리의 유모차가 되어 주기도 하고, 가끔씩 산딸기·산머루·다래·산 앵두·정금·사슴벌레·방아깨비 같은 것들이 풀 짐에 얹혀와 우리의 동심을 부풀려 주곤 했었다. 들에 가면 곡식과 채소를 실어 오고, 산에서는 땔나무를 실어 날랐다. 시장에 다녀오면 옷을 비롯한 생필품이 실려 오고, 생선 같은 것이 얹혀와 식구들의 배를 불리고 몸을 보호해 주었다. 연례행사처럼 찾아오는 보릿고개를 넘겨준 것도 아버지의 지게요. 선생님의 독촉을 받지 않게 월사금을 해결해 준 일등공신도 아버지의 지게다. 중 고등학교를 다닐 때는 삼 십리 재 너머 읍내 자취집까지 쌀과 밑반찬과 장작을 날라다 주기도 하였다. 어릴 때는 아버지의 한숨과 고통이 무엇을 의미하는지 알려고 하지도 않았고, 우리에게 주어지는 일상의 행복이 우리의 몫인 줄로만 알고 철없이 즐겼다. 5학년 되던 해 아버지는 돼지우리 더그매에서 당신이 어렸을 때 가깝게 지내던 친구였다며 앙증맞은 지게 하나를 꺼내와 내 몸에 맞도록 손을 봐 주었다. 그때부터 가끔 나를 들과 산으로 데리고 다니며 가사를 돕게 하였다. 볏단을 저 나르기도 하고, 나무를 해오기도 하고, 풀을 베어 오기도 하면서 내 또래 아이들 중에서는 가장 먼저 지게의 매운 맛을 체험했다. 처음에는 숨 막히는 고통과 놀이터에서 뛰어노는 동무들과 어울리지 못하는 아쉬움으로 아버지를 원망하기도 하고, 꾀병을 부려 일을 피하기도 하였다.

그런 일이 있었던 날은 스스로 양심의 가책을 느끼고, 후회를 하기도 했다. 그러면서 어슴푸레 아버지의 고생에 대해 눈을 뜨기 시작했던 것 같다. 그러나 아버지와 지게에 관한 사연을 알게 된 것은 한참 뒤의 일이다.

아버지는 일제 강점기에 태어나 압박과 설움 속에서 배움의 기회마저 앗긴 채 불행하게 유소년 시절을 보내야했고, 해방의 기쁨을 맛보기도 전에 '6·25'라는 역사적 소용돌이에 휘말리면서 가족과 떨어져 생사를 넘나드는 전장戰場에 뛰어들어 나라 지키는 일에 청춘을 바쳤다. 장년기엔 국가건설을 위한 새마을 운동에 헌신하였으나 경제성장의 열매가 채 영글기도 전에 짧은 생을 마감하였으니 다른 어느 세대보다 불운의 시대에 불행한 삶을 살면서 지게는 평생 동안 무거운 멍에가 되었다. 당신 몫의 즐거움과 행복을 오직 자식들의 즐거움과 행복으로 대신하면서 감내하기 어려운 고통을 참고 견뎌야만 했다. 고등학교 입학시험을 치르던 날 아버지와 어머니는 가마니 치던 손길을 멈추고, 작정하신 듯 조용히 동생과 나를 불러 앉히고, 당신들이 살아온 역정과 앞으로의 각오를 털어 놓았다. 배워보지 못했던 한과 대를 이은 가난과 지게와의 악연만은 절대로 자식들에게 물려주지 않겠다는 목표를 세웠고, 당신들의 모든 인생을 이 목표를 달성하는 일에 걸기로 맹세했다는 것이다. 일찍 우리에게 지게를 지워 가사를 돕게 한 것도 그것이 얼마나 무서운가를 스스로 깨달아 한 눈 팔지 말고 열심히 공부하라는 의도된 행동이었다는 것이다. 이렇게 깊은 당신들의 속마음을 헤아리지 못하고 당신들을 원망하고 꾀병까지 부리며 마음을 상하게 했던 어리석음에 대한 후회의 눈물로 뺨을 적셨다. 현실 생활이 고달프면 고달플수록, 지게가 누르는 힘이 무거우면 무거울수록 마음을 다잡으며 최선을 다하는 당신들의 모습이 우리의 게으름을 쫓아 공부에 열중하도록 하였으며 덕분에 우리는 지게와의 깊은 인연을 맺지 않아도 되었다. 그러나 당신은 우리 몫의 지게까지 다 지느라 이승에서 마지막 길을 떠나던 날에야 비로소 지게와의 질긴 악연을 끊었다.

겉으로 표현한 적은 없으나 마음속으로는 은근히 나의 승진을 기다리던 아버지. 그러나 나는 아버지 생전에 그 소박하고 당연한 소망 하나를 이루어 드리지 못했다. 그래서 아버지를 떠올릴 때마다 나는 큰 죄인이 된다. 요즈음도 아버지의 꿈을 자주 꾼다. 어쩌다가 아버지와 함께 지게가 등장하는 날은 놀라서 잠을 깬다. 저승에서 마저 지게와 인연을 끊지 못한 것이 아닌가하는 생각이 들어 가슴이 미어지다가도 꿈은 현실과 반대라는 말로 위안을 삼는다. 이승에서 당신 몫과 우리들의 몫까지 완수한 지게와의 인연이 아니던가? 비록 수명을 다한 뜰아래채는 헐리어 자취를 감추었지만 아버지의 체취와 손때가 남아 있는 물건들은 잘 정리하여 관리하기로 했다. 나란히 자리 잡은 아버지의 지게와 잠시나마 나와 인연을 맺었던 아기 지게가 유난히 눈길을 끈다.

동지 팥죽

도심에 묻혀 살아온 햇수가 늘어갈수록 계절의 변화와 절기의 오고 감에 둔감해진다. 올해도 딸아이의 시어머니가 보내준 팥죽을 마주하고서야 동짓날을 떠 올렸고, 세밑이 가깝게 와 있음을 알아차렸다. 딸아이가 시집을 가고난 뒤 몇 년째 반복되는 일이다. 혀끝을 감치는 단맛과 존득거리는 새알심에서 안사돈의 자녀사랑이 묻어나온다. 품안에 끼고 살던 피붙이들이 훌훌 떠나고 홀로 남은 사돈이 온전하지 못한 몸을 추스르기도 힘들고, 조석을 해결하는 일마저 귀찮을 텐데 손수 팥죽을 끓이고, 자녀들의 가정에 일일이 챙겨 보낸 정성에 고개가 숙여진다. 머리에 하얀 수건을 둘러쓰고 주문을 외우며 문지방과 집안 구석구석 뜨거운 팥죽을 뿌려 악귀를 몰아내고, 조상신 앞에 나아가 식솔들의 이름을 차례차례 부르며 그들의 건강과 행복을 빌었을 안사돈의 모습에 어머니의 모습이 그대로 겹친다. 고향에 남은 어머니도 오늘 아침 우리 형제들을 위한 기도에 많은 시간을 할애하셨을 것이다. 교회에 몸을 담고 나서는 방법을 달리하여 모든 것을 기도로 대신하지만 오매불망 자식들에 대한 사랑과 정성은 조금도 다름이 없다. 이 모습이 어디 이 두 사람만의 모습이겠는가? 이 땅 모든 어머니들의 공통된 모습일 것이다. 우리의 어머니들은 명절과 절기가 바뀌어 돌아올 때마다 그때의 풍습에 따라 음식을 마련하여 식구들에게 먹이고, 여러 형식을 빌려 가정의 화목과 행복을 축원하며 식구들의 건강과 안전을 지켜내느라 고군분투 하셨다. 다른 식구들인들 가족 사랑하는 마음이 이에 미치지 못하랴만 이를 실천에 옮김에 있어서는 어찌 맹목적이고 헌신적인 어머니들의 정성을 따를 수 있겠는가? 가족 구성원들은 항상 어머니의 걱정을 몰고 다녔고, 어머니의 마음은 언제나 식솔들의 걱정을 따라 다니며 이를 예방하고 몰아내는 일까지 당신들의 몫으로 여겼다. 일 년 삼 백 예순 닷새 꼭두새벽에 맑은 물을 길어와 정화수井華水를 갈아 붓고, 천지신명께 식구들의 무사안녕과 자녀들의 입신양명을 소원하며 기도드리는 어머니의 모습 보다 더 성스러운 표상은 달리 없을 것이다.

동지를 따라 설과 대보름이 차례를 잇는다. 옛날의 설은 뻥튀기 할아버지를 앞세우고 왔었다. '뻥' '뻥' 쌀 튀기는 소리가 아이들의 마음을 부풀리면 설 분위기는 무르익기 시작한다. 온돌방 아랫목을 술동이와 강정·유과 같은 한과가 차지하면서 어머니들의 손길도 바빠지기 시작한다. 음식을 장만하고, 집을 치우고, 식구들의 설빔을 마련하느라 새벽부터 자정까지 허리 한번 펼 겨를이 없다. 아이들에게 맛있는 음식·멋진 설빔을 마련해 주고 싶지만 번번이 어려운 가정 형편과 매서운 시집살이가 가로 막는다. 본인의 재량권을 넘어 설수 없는 안타까움과 아이들에게 미안함을 눌러 삭이면서 이것저것 졸라대는 아이들을 달래야 하는 어머니들은 가슴으로 울어야했다. 어머니들의 명절 대목은 항상 몸이 지치고, 마음도 함께 괴로운 시간이었을 것이다. 우리 형제들은 이런 사정도 모르고 치맛자락에 매달려 설빔 투정을 하다가 꾸중을 듣고, 회초리까지 맞은 일이 있다. 그날 밤 가물거리는 등잔불 밑에서 바느질을 하다 말고 돌아 앉아 울고 있던 어머니를 발견하고 후회했던 기억은 영영 잊히지 않는다. 그믐날 밤은 집안 곳곳에 불을 밝히고, 가족들이 둘러 앉아 한해를 돌아보고 옛이야기를 나누거나 윷놀이를 하면서 닭이 우는 새벽까지 밤을 새웠다. 가는 해의 액운을 털어내고, 오는 해 새날 새 기운을 받아들이기 위함이었지만 이날 잠을 자면 눈썹이 센다는 속설 때문에 설날 아침에 일어나면 제일 먼저 눈썹을 만져 보거나 거울에 비춰보곤 했다. 설날은 조상님께 차례를 지내고 성묘를 했다. 세배 값으로 콩 유과를 손에 쥐어 주고 덕담까지 해주시던 이웃 어른들의 얼굴이 떠오르고, 윷 놀고 널뛰며 어울렸던 친구들이 그리워진다.

옛날 시골의 대보름날은 달이 둥글고 밝은 만큼 하루가 길었다. 행사 내용이 다양하고 재미있었기 때문이다. 꼭두새벽에 일어나 친구들에게 더위를 팔아 여름을 대비하고, 대나무로 만든 소쿠리를 들고 가가호호를 돌며 음식을 얻어와 부름과 귀밝이술을 곁들여 가족과 나눠 먹었다. 어른들은 마을 수호신에게 감사하는 당산제를 올리고, 풍물을 치며 지신을 밟아 땅의 기운을 다스렸다. 청소년들은 눈 덮인 앞산에 올라가 토끼몰이를 하다가 푸른 소나무 가지를 잘라와 달집을 지었다. 공터 한가운데 대나무 가지에 연을 매달아 기둥을 세우고 집채 무더기만큼 소나무가지와 볏짚을 쌓아 올린다. 동쪽으로 문을 내고 짚을 둥글게 묶어서 문을 만들어 달면 달집이 완성된다. 달집이 완성되면 일제히 함성을 지르며 우리 동네와 이웃 동네 사이에 있는 들판으로 내달아 그 동네 청소년들과 맹렬한 흙덩이 싸움으로 힘을 겨룬다. 결투가 절정에 다다르면 상대방 동네의 달집을 향해 돌진한다. 싸움의 승자는 달집 문을 먼저 탈취한 쪽이 된다. 승자들은 개선장군이 되어 기고만장해지지만 패자들은 또 다른 동네를 상대로 힘을 더 겨뤄야 했다. 달집 문을 빼앗기면 그 해에 흉년이 들고, 좋지 않은 일들이 일어난다고 믿었기 때문이다. 달이 떠오를 때가 되면 어른들과 아낙네들은 저마다 높은 곳에 올라가 떠오르는 둥근 달을 바라보며 소원성취를 기원하고 청소년들은 함성과 함께 달집에 불을 붙인다. 동네를 뒤덮는 검은 연기에 섞여 동민들의 근심걱정이 하늘로 날아가고, 악귀들의 기운은 붉은 불기둥에 제압당한다. 청소년들은 끼리끼리 상대방의 저고리 동전을 뜯어내 불길 속에 던져 넣고, 쥐불놀이로 흥을 돋우는가 하면 아주머니들은 다리미에 숯불을 담아 콩을 구워 나누어 주기도 하였다. 숯불이 다 사그라지고, 온기가 없어질 때까지 주위에 둘러 앉아 덕담을 꽃피우는 사이 둥근달이 하늘 가운데 걸리며 활짝 웃는다. 이처럼 대보름은 이웃과 음식을 나누고, 정을 나누고, 동민이 한데 어우러져 단합과 화합을 다지는 날이었다. 이 날도 어머니들은 놀이나 행사에 관심을 더 보였던 다른 식구들에 비해 가정의 행복과 가족 전체의 건강을 담보 받는 일에 집중하였다. 절기와 명절이 돌아 올 때마다 특별한 음식을 나누고, 가정과 동네의 안녕을 비는 소원은 일 년 내내 이어진다.

세시 풍속의 주요 무대가 되었던 시골의 인구가 줄어들고, 환경이 달라져 한 때 행사가 축소되고, 관심까지 멀어져 안타까움이 컸었는데 최근 지방자치단체들이 문화축제를 통해 세시 풍속들을 되살리려는 노력을 앞 다투고 있어 그나마 다행이다. 옛것과 비교하여 부족한 부분을 보완하고, 현대감각과 조화를 이루는 행사로 발전시켜서 좋은 유산으로 남겼으면 좋겠다. 신묘년 올해 대보름에는 모든 이의 축원. 특히 우리 어머니들의 소박한 소망들이 다 이루어지기를 빌어야겠다.

한복

올해는 예년 보다 장마가 일찍 찾아왔다. 장마가 물러가면 불볕더위가 기승을 부릴 것이라는 일기예보를 듣고, 놀란 아내가 부리나케 옷장을 뒤져 작년가을에 씻어서 푸새를 하고, 공들여 손질하느라 몇 날 몇 밤 부산을 떨었던 모시옷 보따리를 챙겨 놓았지만 유감스럽게도 올해는 한 번 입어보지도 못하고 여름을 보내야 할 것 같다. 갑자기 찾아온 허리 통증 때문이다. 초로기를 지나 노쇠기에 접어드니 먹는 나이만큼 아픈 곳도 많아진다. 고통과 불편함이야 어쩔 수 없지만 생활에 활력이 떨어지고, 자신감도 따라서 없어지니 안타까움이 크다. 날마다 병원 문턱을 넘나들며 침을 맞고, 물리치료를 받느라 한나절을 쓰게 되니 한가롭게 모시옷 차려 입을 형편이 못된다. 아내의 정성에 대한 보답도 보답이려니와 부모가 물려준 소중한 몸뚱이를 제대로 간수하지 못하여 이 지경으로 만든 죄스러움과 옷을 손질하는 과정마다 며느리에게 자신의 경험을 전수하면서 한복에 대한 남다른 애정과 은근히 모시옷을 차려입은 아들의 모습을 상상하며 흐뭇한 속내를 감추지 못하던 어머니의 기대를 저버리게 된 아쉬움으로 마음이 무겁다.

가족 사진첩 첫 장에 꽂혀 있는 빛바랜 흑백 사진 한 장이 시선을 끈다. 초등학교 1학년을 수료하면서 찍은 사진이다. 친구들의 얼굴을 알아보기가 쉽지 않을 정도로 작고 낡은 사진이지만 끄집어내고 끄집어내도 줄지 않는 추억의 단서들이 숨어 있어서 특별히 대접 받는 사진이다. 담임 선생님을 제외한 사진속의 인물들은 하나같이 한복을 입었는데 여학생은 치마저고리·남학생은 바지저고리 차림이다. 등쪽으로 한 바퀴를 돌려 맨 옷고름·하얀 동전·양쪽으로 호주머니가 달려 있는 조끼를 입은 모습들이 앙증맞아 웃음이 절로 솟는다. 세상에 태어나 처음으로 인연을 맺은 옷이 한복이다. 우리는 이 한복과 더불어 어린 시절을 무사하게 보낼 수 있었던 것이다. 어머니가 길쌈을 해서 베를 짜고, 손수 바느질을 하여 만든 옷이다. 걷어붙인 바짓가랑이와 소매 끝을 걷어 올린걸 보면 오래 입기 위해 일부러 크게 만들었거나 언니들의 옷을 물려 입은 것들이 틀림없다. 누덕누덕 깁은 흔적도 더러 보인다. 요즈음의 한복처럼 화려하고, 세련되어 보이지는 않지만 우리들은 속옷을 제대로 갖추어 입지 않고서도 추위를 무서워하지 않았고, 우의나 외투를 입지 않아도 비바람을 겁내지 않았다. 올올이 엮여 있는 어머니의 사랑 때문이요, 뜸마다 배어 있는 어머니의 정성 때문이었으리라. 중학교에 진학을 하고, 교복을 입으면서부터 한동안 한복과의 사이가 멀어졌으나 초등학교 교문을 나설 때까지만 해도 학교에 입고 가면 외출복이 되고, 놀이할 때는 운동복이 되었으며 집안일을 도울 때는 작업복이요, 잠잘 때는 잠옷이었고, 옷소매나 치맛자락은 손수건의 역할을 하기도 했다. 그래서 소매등과 치맛자락에 때자국이 유난히 뻔질거리던 한복은 유년 시절 우리를 감싸 지켜준 어머니의 화신이었으며 추억의 보고이기도하다.

대학을 다닐 때 방학을 맞아 시골에 가면 입을 옷이 마땅치 않았다. 그럴 때 마다 어머니는 아버지의 옷을 꺼내 주었는데 나중에 알고 보니 그 옷들은 평소 아버지가 가장 아끼는 것들이었다. 삼과 목화를 심어 가꾸고 길쌈을 할 때부터 특별히 공을 들이고 솜씨를 부려 마련한 옷들이어서 중요한 행사나 외출 때만 꺼내 입으시는 것들이었다. 여름철 삼베옷과 모시옷·겨울철 무명옷과 명주바지저고리 모두 나름대로 마음을 휘어잡는 매력이 있었다. 양복에 길들여진 탓에 처음엔 어색하고 거추장스러웠지만 입으면 입을수록 정이 들고 편해졌다. 어머니는 한복이 주인을 제대로 만나 너무 잘 어울린다며 내가 한복을 입을 때마다 곁으로 다가와 크게 흐뭇해하면서 기쁨을 감추지 못하였다. 손수 디자인하여 만든 옷에 대한 자긍심과 어느새 건장한 청년으로 성장하여 한결 의젓해진 맏아들의 모습에 대한 만족감이 대단한듯하였다. 본인의 허락 없이 자신의 옷을 꺼내 입는 아들이 밉지 않은 듯 아버지 역시 은근히 좋아하며 대견스럽다는 눈치를 보이곤 했다. 내가 한복을 즐겨 입는 첫 번째 이유는 바로 아버지 어머니의 이런 마음을 읽었기 때문이고, 두 번째 이유는 한복을 입으면 어머니의 품에 안긴 듯 마음이 편안하고 활동하기에 편하기 때문이며 세 번째 이유는 한복을 입으면 저절로 신선이 되고 선비가 된 듯 언행이 신중해지기 때문이다.

한복을 입을 때 마다 동네 친구들과 어울려 닭서리를 나갔다가 낭패를 당한 일이 생각난다. 가끔 사랑방을 찾아 동네 친구들과 세상 이야기를 나누며 어울리곤 했는데 하루 저녁에는 갑자기 장난이 어우러져 닭서리를 하기로 의견이 모아졌다. 종종 흥미진진한 경험담을 들어 온데다 첫 경험에 대한 호기심까지 부채질하는 바람에 거리낌 없이 따라 나섰다가 예기치 못한 돌발 사태로 인해 닭서리는 미수에 그치고, 가시덤불에 넘어져 모시옷 한 벌만 망가뜨린 일이다. 어머니의 사랑을 훼손한 아픔과 아버지에 대한 죄송스러움이 크고 깊어서 한동안 몸 둘 바를 몰랐었다. 달리 큰 꾸중을 하지는 않았지만 어찌 한 가닥 원망과 실망의 마음까지 없었겠는가. 점잖은 옷에 어울리지 않는 행동을 했으니 어찌 하늘인들 무심했겠는가.

개량한복을 입는 사람들이 늘어가고 있다. 정통 한복의 단점을 보완하여 모양과 색상이 다양하면서 입기 편하고, 손질하기가 용이하여 인기가 높은 듯하다. 그러나 선뜻 입고 싶은 생각이 들지 않는 것은 어머니의 사랑과 정성이 스며있지 않고, 선비와 같은 풍류와 멋이 정통 한복을 따를 수 없음이다. 요즈음 주위에서 개량 한복을 입은 사람들 중에 일부이긴 하나 수염과 머리를 아무렇게나 기르고 경박한 행동을 보여주는 경우가 가끔 있어 마음이 편하지 않다.

한복은 어머니의 분신이다. 한복은 어머니와 따로 떼어 생각해 본적이 없다. 한복을 입으면 어머니 사랑이 전신을 감싸고, 한복을 입은 등 뒤에는 어머니의 시선이 따라다닌다. 한복이야기만 꺼내도 신이 나는 두 여인. 까다로운 손질을 하면서 오순도순 살가워지고, 한복으로 인해서 더욱 행복해 보이는 어머니와 아내 얼굴이 겹쳐진다.

어머니의 바느질자

초등학교 오학년 때 수학여행을 다녀왔다. 새로운 길을 개척하는 일이 쉬운 일이 아님은 모두가 아는 사실이다. 학교가 개교한지 삼십년 이래 처음 실시하는 수학여행이었고, 경제적 여건과 사회적 인식이 부족했던 시절이라 숱한 우여곡절과 많은 이야기들이 얽히고 설켜서 오늘날까지 가슴을 뛰게 하고, 좀처럼 뇌리에서 지워지지 않는 추억의 수학여행으로 확고한 자리매김을 하고 있다.

한때 우리의 동심을 사로잡았던 '수학여행'·'소풍'이라는 말이 지금은 학교 교육현장에서 사라지고, '체험학습'이라는 새 이름으로 일 년에도 수차례씩 큰 어려움 없이 다녀오는 학교의 연례행사가 되어있다. 산업화와 경제발전에 힘입어 교육여건이 크게 개선된 덕분이다. 사회적 인식도 달라졌고, 학부모들에게도 큰 부담이 되지 않아 학교 안팎에서 반응이 아주 좋다고 한다. 기대되는 교육적 성과도 커서 점점 활성화되고 있는 추세라 한다. 격세지감을 느낀다.

시계의 바늘을 뒤로 돌려 천구백 오십 년대 말로 돌아가면 사정이 달라진다. 육이오의 총성이 멈추긴 했으나 이미 폐허가 된 땅덩이를 끌어안고, 가난과 전쟁의 후유증에 시달리던 당시의 시대적 상황을 감안하면 수학여행이라는 말 자체가 매우 생뚱맞고, 파격적인 사안이어서 학교당국과 학부모는 물론이고 일반인들까지 관심을 보이며 지역사회의 현안으로 떠올랐다. 당사자인 우리 철부지들이야 기뻐 날뛰며 좋아했지만 학부모들은 시름이 깊었다. 당장 경비를 마련하는 일이 걱정이었다. 이틀 동안 버스 대절비와 숙박비. 입장료. 기타 등등 학부모님들의 부담금만으로는 충당이 불가능한 것으로 결론이 나자 머리를 짜낸 묘안이 모내기 봉사활동이었다. 이렇게 해서 수학여행 작전이 시작되었다. 학생들은 모내기 봉사활동에 팔을 걷어붙였고, 선생님들과 지역 유지들은 수학여행 지원을 위한 모금 활동에 나섰다. 학부모들은 봉사활동을 이어갈 수 있도록 일거리를 알선해주고 격려해주었다. 다행이 학생들이 가정에서 대부분 모내기를 한 경험을 가지고 있었기 때문에 주민들의 호응은 좋았다.

목적지는 통영 한산도. 지금은 함양에서 한 시간이면 갈 수 있는 가까운 거리지만 당시는 자갈 깔린 신작로에 흙먼지를 둘러쓰고 종일을 달려 해거름 무렵에야 숙소인 용화사에서 여정을 풀었다. 경비 절약을 위해 선생님 학창시절에 인연을 맺었던 주지스님께 도움을 청했던 것 같다. 점심도 어머니들이 마련해준 주먹밥으로 때웠다. 그러나 우리들은 부모님 곁을 떠나 처음으로 경험하는 여정이었고. 오는 동안 차창을 스치는 바깥세상의 모습과 서늘한 가을바람에 실린 바다냄새를 맡으면서 바라보는 통영 시가지의 휘황찬란한 야경에 취해 잠자리에 들어도 쉽게 잠을 이루지 못했다. 이튿날은 꼭두새벽에 일어나 절에서 마련한 도시락을 챙겨 버스에 올랐다. 먼저 둘러 본 곳은 해저터널이었다. 육지인 통영 시가지와 섬인 미륵도의 왕래를 위해 바다 밑으로 굴을 뚫어 만든 길이라는 선생님의 설명이 있었다. 일본사람들의 기술에 의해 건설 되었지만 동양 제1호 해저터널이라는 사실도 알게 되었다. 터널 속을 걸어가면서도 바다 속이라는 느낌을 받지 못했고, 그렇게 믿겨지지도 않았다. 신기한 경험이었다. 다음은 최종 행선지 한산섬. 이야기로만 듣던 바다·처음 보고 처음 타보는 배·바다위에 올망졸망 떠 있는 크고 작은 섬들의 속삭임을 들으며 들뜬 기분으로 경내를 돌아 이순신 장군 동상과 사당에 참배하고, 진한 아쉬움 남기며 빠듯한 귀가 시간에 맞춰 여행을 마무리 하였다. 돌아오는 길에 기념품 가게에 들려 저마다 가족들에게 돌릴 선물을 골랐다. 기웃기웃 가게를 살피던 중 예쁜 자개 무늬가 박힌 바느질자가 눈에 들어 왔다. 순간 어머니가 베를 짜고 바느질할 때 쓰던 낡은 대나무자가 머리를 스쳤다. 어제 아침 어머니가 손에 쥐어준 용돈을 약간 웃도는 가격이었지만 주인아주머니의 배려로 어머니께 처음 드릴 선물을 품에 안았다. 기뻐하실 어머니를 생각하니 기분이 아주 좋았다.

여행 중 보고 들은 이야기와 함께 선물을 받아 든 어머니의 반응은 전혀 예상 밖이었다. 사탕 사먹으라고 준 돈인데 난데없는 자는 뭐 하러 사 왔느냐며 나무라셨다. 지켜보시던 아버지도 어머니의 의견에 동조하는 것 같았다. 그 날 밤도 여행 생각·선물 생각 하다가 잠이 늦게 들었다. 얼마 후 인기척을 느끼고, 눈을 떠보니 희미한 등잔불 아래 어머니가 머리맡에 앉아 얼굴을 다독거리며 한숨을 짓고 있었다. 차츰 시간이 지나고, 세월이 흐르면서 그날 어머니가 보여준 예상 밖 반응들이 언뜻언뜻 본인의 입을 통해 하나씩 밝혀졌다. 어린애로 알았던 아들이 제법 컸다는 대견스러움에 놀랐고, 다른 아이들처럼 용돈을 넉넉히 주지 못한 부모님으로서 자괴감이 컸었고, 용돈이 비교적 자유로운 다른 아이들과 어울리지 못하고 행여 동심에 상처를 받지 않았을까하는 애처로운 생각으로 당신의 속이 크게 상했었기 때문이었다고 한다. 어머니는 일 욕심이 많았다. 식구들의 식사와 뒷바라지하는 일도 수월하지 않은 데 낮에는 들에 나가 농작물을 가꾸고, 밤에는 잠도 자지 않고 길쌈을 했다. 솜씨가 뛰어나서 질적으로나 양적으로 우리 어머니를 따를 사람이 없었다. 같은 재료를 가지고 길쌈을 해도 항상 좋은 베를 짜서 비싼 값을 받았다. 상품이 좋은 베는 시장에 내다 팔고, 상품가치가 떨어지는 베는 가족들의 옷감으로 사용했다. 문제의 자개무늬 바느질자는 오랫동안 어머니의 사랑을 받으며 어머니의 손때가 묻을 대로 묻었고, 어머니의 자랑거리가 되었으며 어머니의 벗이 되어 오랫동안 고락을 함께하였다. 밤늦도록 베틀에 앉아 베를 짜던 어머니의 모습이 눈에 선하다. 달그락 달그락 베 짜는 소리가 귓전에 맴돈다.

외갓집 다니던 길

외사촌 형이 두 달째 병상에서 신음하고 있다. 어깨통증을 치료하는 과정에서 엉뚱하게 폐암 말기 진단을 받았단다. 병의 뿌리가 이미 다른 장기와 뼈 속까지 퍼져서 최첨단을 자랑하는 의술과 인간 능력의 한계를 한참 벗어나 생과 사의 경계선에 한 발을 올려놓은 채 승산 없는 실랑이를 하고 있다니 청천벽력이 따로 없다. 이 어처구니없고, 엄청난 사실을 본인에게 알리는 일이 쉽지는 않았을 것이다. 그래서인지 식구들은 이 사실을 본인에게는 비밀에 붙여두고, 혹시라도 그 비밀이 깨어질까봐 전전긍긍하고 있는 상황이다. 지난 정초까지만 해도 건강하고 자신감이 넘쳐보이던 형이 아니던가. 불과 몇 달 사이에 피골이 상접한 몰골로 병상의 포로가 되어 팔딱팔딱 가쁜 숨만 몰아쉬고 있는 모습이 애처로워 눈길조차 맞출 수가 없다. 자신의 삶을 지탱해온 생명의 불씨가 병마의 시달림에 서서히 스러져

가고 있는 엄중한 이 시간에도 자신을 옥죄이는 운명의 검은 그림자를 눈치 채지 못하고, 너무나도 한가롭게 쏟아내는 한 낱 속된 걱정과 퇴원 후의 생활에 대한 애착은 보는 이의 눈시울을 뜨겁게 한다. 형은 선천적으로 남달리 체격이 건장하고 튼튼했었다. 초등학교 다닐 때부터 달리기를 잘해서 늘 학교 육상선수로 뽑혔고, 중 고등학교 시절에는 축구선수로 이름을 날렸다. 평소 건강에 관심이 많아서 매일 운동을 해왔고, 정기적인 검진을 받으면서 건강관리를 열심히 해왔단다. 그러나 자신의 아버지를 위암으로 떠나보낸 뼈아픈 마음의 상처가 있었기 때문에 특별히 위와 대장 검진에 집중하면서 다른 장기의 검진에 소홀해서 이처럼 돌이킬 수 없는 화를 불러왔다며 식구들은 크게 후회하고 있다.

형은 나와 동갑내기로 어릴 때부터 단짝이었다. 외갓집에 가면 그랬고 학교생활에서도 그랬다. 외갓집 동네와 우리 동네는 그렇게 멀리 떨어져 있지는 않지만 어릴 때는 외갓집에 한 번 다녀오는 걸음이 결코 만만하지가 않았다. 물을 건너 이웃 동네를 지나고, 논밭을 가로질러 산모퉁이를 돌고 돌면서 높은 산등성이 여럿을 넘어야 했다. 외갓집에 간다고 집을 나설 때는 기대감에 부풀어 의기가 양양하지만 막상 이웃 동네의 모습이 등 뒤로 사라지면서부터 외갓집 동네가 눈에 들어 올 때까지 논둑과 밭둑 바위틈에서 여우가 금방이라도 달려 나와 간교를 부릴 것 같고, 갑자기 산모퉁이에서 도깨비가 나타나 목덜미를 낚아 챌 것 같은 무서움에 눌려 가슴을 콩닥거려야 했다. 사람을 만나도 무섭기는 마찬가지였다. 당시 우리 또래 아이들은 사람으로 둔갑한 백년 묵은 구미호 이야기와 도깨비이야기를 심심찮게 들으며 자랐고, 더 무서운 이야기는 병을 고치기 위해 어린 아이를 잡아간다는 환자의 괴담도 숱하게 듣고 있었기 때문이다. 어머니와 함께 오갈 때는 길섶에서 반기는 꽃들의 미소가 있었고, 마중 나온 산새들도 많았는데 나 혼자 다닐 때는 이들은 오간데 없고, 주인 모를 무덤과 발등을 걷어차는 돌부리만 자꾸 만나게 된다. 마른침을 씹어 삼키며 허겁지겁 종종걸음으로 내달아 외갓집 동네 동구 밖 정자나무가 눈에 들어오고 나서야 안도의 숨을 내어쉬곤 했었다.

담쟁이덩굴이 보기 좋게 엉클어진 토담을 돌아 사립문을 들어서면 낯익은 외갓집 식구들이 얼굴을 내밀어 반긴다. 그 때부터 외갓집에 머무는 동안은 손님으로서 각별한 대우를 받았다. 같은 또래의 형과 외당숙과 종이모從姨母는 함께 놀아주는 친구가 되었고, 이것저것 챙겨주는 후원자가 되었다. 밥 때가 되면 이집 저집에서 다투어 만찬을 준비해 두고, 나를 초대하여 특별 대접을 해주었다. 뭐니 뭐니 해도 가장 든든한 후원자는 외할머니였다. 외할머니는 시종 나를 당신의 눈 속에 넣어두고 안전을 살폈으며 분쟁이 있을 때는 항상 나의 편이 되어 든든한 후원자가 되었다. 외갓집 뒤란 탱자나무 울타리로 둘리어진 텃밭은 간식거리가 보관되어 있는 자연냉장고였다. 오이·복숭아·단감·옥수수·수수·감자·고구마 같은 것들이 외할머니의 손이 스치면 모두 훌륭한 간식이 되었다. 마땅한 간식거리가 없을 때는 콩과 밀을 볶아주거나 밀가루로 빵을 만들어주기도 하였고, 광속 깊은 곳에 감춰 둔 곶감·홍시·호두처럼 귀한 것은 나를 따로 불러 슬쩍 두 손에 쥐어 주곤 했다. 외갓집에 가면 이처럼 우리 집에서 향유할 수 없는 쏠쏠한 재미와 따뜻한 정이 있었기에 오고 가는 길에서 마주치는 무서움 때문에 외갓집에 가는 것을 마다한 적은 없다. 나에게는 언제나 믿음직스러운 외할머니였지만 본인은 끊임없는 걱정과 애환 속에서 불행한 삶을 살다간 여인이다. 중년을 넘기면서부터 애를 태우고 걱정을 많이 한 때문인지 외할머니 머리에서 검은 머리카락 한 올을 본 기억이 없었다. 불행은 짧은 기간에 작은 외삼촌 집에서 일어난 일련의 비극에서 비롯되었다. 척척 아들만 낳는 큰외삼촌 네와는 달리 작은 외삼촌댁은 아들을 기다리며 딸만 내리 일곱을 낳았다. 딸을 낳을 때마다 할머니의 걱정은 깊어갔고, 기다리던 아들을 안아 보지 못한 채 작은 외삼촌이 30대 아까운 나이로 요절하고 말았다. 비극은 여기에서 멈추지 않았다. 다행인지 불행인지 유복자를 남기긴 했으나 뒤 이어 작은 외숙모까지 유명을 달리하였고, 몇 년 뒤에는 어렵게 얻은 유복자마저 이름 모를 병으로 부모를 따라가니 몇 년 사이에 작은아들과 작은 며느리와 귀하게 얻은 손자까지 앞세우고, 고아로 남은 손녀들을 거두느라 남몰래 흘린 눈물과 습관이 되어버린 한숨이 강을 이루고 태산을 모았다. 연이어 큰외삼촌마저 가슴에 묻고 타들어간 가슴속은 숯검정보다 더 검었을 것이다. 여든넷의 나이로 눈을 감는 순간까지 비극의 원인과 죽지 못하고 오래 사는 것이 모두 자신이 지은 죄 때문이라며 가슴을 쥐어짜던 모습이 눈에 선하다. 지금이라도 외갓집 사립문에 들어서면 하얀 머리 외할머니가 버선발로 달려 나올 것 같다. 손자 낳아 달라고, 아들과 며느리가 좋은 곳에 가게 해달라고 기도하던 장독대와 그 위에 놓인 정화수井華水 담았던 그릇이 외갓집의 비밀을 고스란히 간직한 채 돌아오지 않는 주인들을 기다고 있을 것 같다.

나를 그렇게도 아껴주고 즐겁게 해주었던 정든 얼굴들이 하나 둘 사라지고 이제 형마저 떠난다면 나와 외갓집을 이어주던 마지막 끈이 사라질 것이고, 추억의 샘까지 말라버릴까 두렵다. 내가 오가던 그 길이 지금은 포장된 대로로 변해 자동차가 쌩쌩 다니고 있지만 그 좋은 길도 이제는 소용없는 길이 되지 않겠는가. 특별한 기적. 정말 특별한 기적이 일어나 형이 병상을 박차고 일어나 일상으로 돌아오기를 빌고 빈다.

시골 병원

선산 묘역에 들어서면 언제나 마음이 편해진다. 지하에 묻힌 조상이 시시각각 후손들의 안위와 축원을 헤아려 전지전능한 신통력으로 감응感應해 줄 것이라는 믿음 때문이다. 생전에 같이한 시간이 많을수록 이 감응은 더 큰 힘으로 다가올 것이라 믿기 마련이다. 봉분을 수북하게 덮은 풀과 주변에 뒤엉킨 나뭇가지들이 오랫동안 조상을 잊고 지낸 우리 일행을 크게 꾸짖는다. 풀과 덩굴을 베어내고, 나뭇가지를 정리하는 동안 처서 늦더위가 숨통을 틀어막는다. 연방 목덜미와 등골을 타고 흐르는 땀을 훔쳐내느라 손길이 바쁜 와중에도 돌아가신 조상의 생전 모습이 불현듯 떠오르며 사모하는 마음으로 사무친다. 모처럼 조상의 음덕과 자손의 의무를 음미하고 다짐하면서 성묘를 마무리한 뒤 어머니와 함께 읍내 병원을 찾았다.

아흔 노인이 시골에 홀로 지내고 있으니 본인의 고생은 이루 말할 수 없고, 식구들은 식구들대로 걱정이 많다. 아직은 이웃에 남아 있는 같은 또래 같은 처지의 노인들이 대부분의 시간을 함께하면서 서로 버팀목이 되어주고 있고, 건강보험공단에서 지원하는 노인 돌보미가 드나들며 크고 작은 불편을 덜어줘서 그나마 마음의 위안을 삼는다. 암·당뇨병·고혈압·심장병 같은 큰 병이 없어서 다행스럽기는 하나 일상생활을 힘들게 하는 잔병이 하나둘 가짓수를 늘리면서 애를 태우게 한다. 오늘 병원을 찾은 이유도 어머니의 지병인 퇴행성관절염과 안질 때문이다. 시골병원이라고는 하나 규모와 시설이 여느 도시병원 못지않다. 이 병원을 찾을 때 마다 보고 느끼는 일이지만 내원환자가 도시병원보다 많다. 이들은 대부분 칠 팔 십대의 고령으로 거동이 불편함에도 불구하고 보호자 없이 홀로 병원을 찾는다. 매일 또는 이삼일에 한 번씩 일상적으로 치료를 받아야 하는 단골환자들이라 짐작된다. 차례를 기다리는 동안 자연스럽게 삼삼오오 짝을 지어 농사 정보를 나누기도 하고, 아들·딸·며느리·손자 자랑으로 대화를 이어간다. 대화에 등장하는 아들·딸·며느리는 모두 세상에 보기 드문 효자 효부다. 자식 자랑이라면 남에게 결코 뒤지지 않는 어머니가 이들의 대화를 가만히 듣고만 있을 리 없다. 눈앞에 있는 당신의 아들과 며느리를 좌중에 소개하고 자랑하면서 삽시간에 대화의 주도권을 잡는다. 그렇지 않아도 민망스러운데 사실을 부풀리고, 없었던 일까지 자랑에 섞는다. 어머니의 자랑처럼 착하고, 대단한 아들 며느리가 되어주지 못한 부끄러움과 죄스러움으로 얼굴이 달아오른다. 그때 마침 진료실을 나서는 노인과 젊은 부부의 심상치 않은 모습이 눈길을 끈다. '이왕 집을 나섰으니 도시에 있는 이름난 병원을 찾아 한 번 더 검진을 받아 보자'는 아들 부부와 이들의 제안을 거절하는 노인 사이에 벌어지는 실랑이다. 젊은이들에게 부담을 주지 않으려는 노인의 배려와 노인의 건강을 걱정하는 아들 부부의 진정이 팽팽하게 맞서면서 결국 결론을 내지 못한 채 병원 문을 나서는 일행의 뒷모습이 가슴을 메운다.

시골 병원은 모두 종합병원이다. 아픈 곳이 많아 자칭自稱, 타칭他稱 '종합병원'이라 여기는 환자들이 단골손님의 주류를 이루기 때문이다. '○○과 의원' 이라 간판을 내 걸고 있지만 병의 종류에 따라 환자를 구별하여 받는 것 같지는 않다. 환자들의 병이 노환으로 비슷하고, 치료와 처방약이 크게 다르지 않기 때문이다. 환자들은 자주 만나서 서로 잘 아는 사이인 듯 매우 친근해 보인다. 의사와 간호사도 이웃집 아저씨나 한 동네 이웃 누이동생처럼 격의가 없고, 서로를 배려하는 마음이 언행에서 묻어나온다. 도시병원에서 찾아보기 어려운 사람 냄새를 맡을 수 있어 마음이 편하면서도 환자들의 겉모습에 짙게 드리운 초라함과 쓸쓸함에서 힘겨웠던 그들의 삶과 비참한 현실이 송두리째 묻어나와 마음을 무겁게 한다. 이들은 우리나라 근현대사에서 가장 불운했던 세대이면서 나라 발전과 가정의 번영에 크게 공헌한 세대다. 일제 강점기 말과 글·교육받을 기회까지 박탈당하면서 불우한 유·소년기를 보냈고, 동족상잔의 전쟁과 대를 이은 가난에 청춘을 빼앗겼다. 인고의 세월 속에서도 어른을 공경하는 틈틈이 아이들을 가르쳐 산업역군으로 길렀으며 새마을운동을 통해 의식을 바꾸고 환경을 개선하였다. 보릿고개와 비능률을 역사의 뒤안길로 밀어 내고, 그 터전 위에 민주주의를 꽃피워 선진국의 대열에 우뚝 세운 장한 주역들이다. 자신의 꿈을 가꾸고 행복을 즐길 생각과 시간을 따로 가져보지 못했다. 좋은 음식 좋은 물건은 모두 자식들의 몫이라 여기고, 자녀들의 기쁨과 행복을 유일한 낙으로 삼으며 살아왔다. 이처럼 큰일을 해낸 세대임에도 불구하고 그들 자신에게 돌아 온 것은 자신의 영화도 아니요, 사회적 보상도 아닌 육신의 고통과 외로움과 텅 빈 둥지가 모두다. 변변한 노후대책 하나도 마련해 놓은 것이 없다. 자신들이 그러했던 것처럼 곁에서 든든하게 노후를 지켜줄 것이라 믿었던 자식들은 뿔뿔이 흩어져 버렸고, 시시각각 보고 싶은 피붙이들의 얼굴마저 마음대로 볼 수 없는 처량한 현실이 되어 버렸다. 너무나 많이 달라져버린 세태와 살아온 세월이 야속하고 원망스럽다는 일말의 생각이 어찌 없겠는가마는 자식들에게 짐이 되지 않으려고 안간힘을 쓰는 모습과 입만 열면 효자 아들·효자 며느리 자랑을 쏟아 내는 모습은 안쓰럽기 그지없다. 허전하고 야속한 마음을 감추기 위한 위장임이 틀림없다. 지금 이들이 애타게 바라는 것은 대단한 부귀영화도, 거창한 보은도 아닐 것이다. 최소한의 사회적 관심과 따뜻한 가족의 정일 것이다. 찾아주는 한 번의 발길에 흥감하고, 안부전화 한 통화가 천금보다 더 반가운 그들이다. 자식으로서 너무나 당연하고 마땅한 이 의무 앞에 당당한 자식들이 얼마나 될까? 부모는 평생 동안 자식을 마음속에 품고 살다가 죽어서까지 자손대대 음덕으로 베풀지만 자식들은 힘들 때와 도움이 필요할 때만 부모를 찾는다. 하늘이 내렸다는 효자의 효성과 부모의 은공을 어찌 한 입에 같이 담겠는가. 시시각각 가족으로 부터 외면당하고, 사회의 천덕꾸러기로 내 몰리는 이들의 모습이 겨울 벌판의 나목을 연상시켜 참으로 씁쓸하다. 쥐꼬리만큼 남아 있을 여생이라도 자신들만의 삶을 가꾸고 즐기는 시간으로 활용하면 좋으련만 안타깝게 무심한 시간만 자꾸 흐른다.

피아노

모처럼 부산에 살고 있는 중학교 동기들이 부부 동반하여 나들이에 나섰다. 출발할 때만 해도 아내들은 대부분 초면이어서 서로 몸을 사리고 말을 아끼더니 금세 언니·동생하는 사이로 변해 버린다. 남편들의 귀띔이 한 몫을 하였고, 살아온 환경과 과정이 서로 엇비슷하여 쉽게 동화 되고, 빠른 시간에 의기가 투합 되었을 것이다. 차츰 남편들을 관심밖으로 밀어내고, 자기네들 끼리 삼삼오오 어울려 조잘대고 호호거리며 가정과 일상을 벗어난 해방감에 빠져든다. 꿈 많던 소녀 시절로 돌아가 낯선 풍경에 탄성을 지르며 전시물에 대한 소감을 나누기도 하고, 잠시잠깐씩 현실로 돌아와 가정에서 빚어지는 갈등과 여자로 태어났기 때문에 겪어야하는 불만을 토해내면서도 은근슬쩍 남편과 자식들 자랑으로 하루해가 짧은 듯하였다. 독립기념관과 청남대를 둘러 서해안의 개펄이 질펀하게 내려다보이는 펜션에서 하룻밤 여장을 풀었다. 저녁상을 물리고 온돌방에 둘러앉은 일행은 자연스럽게 손자·손녀 자랑으로 이야기꽃을 피우기 시작한다. 때와 장소와 대상을 달리하여 여러 차례 우려먹은 자랑들 같지만 하는 사람이나 듣는 사람 모두 흥미가 진진하다. 쏟아내는 자랑이 봇물을 이루는 가운데 피아노 잘 친다고 선생님한테 칭찬을 들었다는 손녀의 응석부림에 그날 당장 피아노 한 대를 사 주었다는 어느 친구 아내의 자랑이 불현듯 삼십년 전의 씁쓸한 추억 하나를 끌어와 상념에 불을 지핀다.

딸아이가 초등학교 사학년 때의 일이다. 남매 중 막내로 태어난 딸아이는 튼튼하고 반듯하게 잘 자라주었고, 다른 아이들처럼 유아원이나 유치원에 보내주지 못했는데도 학교생활에 탈 없이 적응하여 우리를 안심시키고 기쁘게 해주었다. 가끔씩 들려오는 선생님들의 칭찬과 쌓여가는 상장은 식구들의 피로를 씻어 주는 활력소가 되고, 행복의 씨앗이 되어 우리들의 기대를 한껏 높여주었지만 부모 노릇을 제대로 하지 못한 죄스러움과 미안함이 늘 주위를 맴돌며 마음을 무겁게 하였다. 식구들의 사랑을 독차지 하면서 귀여운 짓만 하고 예쁜 말만 하던 딸아이가 어느 날 조심스럽게 피아노 학원에 보내달라는 말과 함께 피아노까지 사달라는 말을 꺼내었다. 집안 사정을 모를 리 없는 딸애가 여러 날을 벼르고 벼르다가 어렵사리 꺼낸 말임이 분명하였다. 딸아이와 가깝게 지내고 있는 친구들은 대부분 가정형편이 넉넉하여 풍요로운 생활을 누리면서 다수의 학원에 다니고 있었던 것이다. 학원을 오가며 다양한 경험을 쌓고, 능력을 키우는 그들을 지켜보면서 어찌 부러운 생각이 들지 않았겠는가? 딸아이의 요구는 지극히 당연한 것이었다. 선생님의 위상이 절대적이던 초등학교 생활에서 같은 학교에 근무하는 아빠를 둔 딸아이의 자존심도 한몫 거들었으리라.

시골에서 근무하다 창원으로 옮겨와 단칸 사글셋방을 전전하며 냉장고 한 대 들여 놓자는 아내의 노래에 기죽어 지내던 시절이다. 딸애가 원하는 것이라면 무엇이던 다 해 주고 싶었던 아빠의 욕심이 한계를 드러내고 말았다. 경제적으로도 버겁고, 사글셋집에 피아노를 들여 놓을 공간도 마땅치 않았던 당시의 형편에 대한 비관을 속으로 삭이면서 며칠을 두고 궁리하고 설득한 끝에 학원에 다니는 일은 절차를 밟아 당장 실행에 옮기기로 하고, 피아노는 말미를 얻어 늘어나는 연주솜씨와 자라는 키를 보아가며 구입하기로 약속하였다. 그리고 아내의 결혼 패물을 처분하여 장만한 옷장 귀퉁이에 딸아이를 세워서 현재의 키보다 한 뼘 정도 높은 곳에 빨간색 테이프로 눈금을 만들고 딸아이 키가 빨간 눈금까지 자라면 피아노를 사 주겠노라고, 손가락까지 걸어 약속하였다. 이렇게 하여 순간의 낭패를 모면하기는 하였으나 솔직히 지킬 자신이 있는 약속은 아니었다. 그날 이후 딸아이는 신바람이 났다. 매사 의욕이 넘치고 학원에도 열심히 다녔다. 상당히 오랫동안 버텨줄 것이라 여겼던 약속의 조건은 의외로 빨리 영글어갔다. 예전보다 더 빠르게 자라는 키와 하루가 다르게 늘어가는 딸아이의 피아노 실력이 대견스러우면서도 한편으로는 지키지 못할 약속 때문에 마음이 편할 수가 없었다. 하루는 아내와 함께 문제의 눈금을 바라보며 걱정을 하다가 슬쩍 테이프를 떼어 위로 옮겨 놓기로 했다. 다행이 딸아이는 눈치를 채지 못한 듯 반응을 보이지 않았다. 행여 딸아이가 눈치를 챌까봐 가슴을 졸이면서도 눈금조작 행위는 그 뒤에도 몇 차례 더 반복되었다. 다행히 딸아이가 중학교에 들어가고 나서는 학교 공부에 대한 부담 때문인지 피아노에 대한 관심이 줄어든 때문인지 학원을 그만두고, 피아노 사달라는 말도 하지 않았다. 피아노 사건은 이렇게 유야무야 끝을 맺었다. 만일 그때 딸아이의 요구를 들어 주고, 뒷바라지를 충분히 해 주었더라면 피아니스트로서 전문성을 살리지는 못했을 지라도 삶을 풍요롭게 하여 자아를 실현하는데 적잖은 도움이 되었을 것이라 생각하니 안타까움이 크다.

딸아이에게 아비로서 무능함과 정직하지 못한 일면을 그대로 드러낸 유쾌하지 못한 이 추억은 가끔씩 불시에 되살아나 심사를 흔들곤 한다. 길을 가다가도 피아노 소리가 들려오면 딸아이의 얼굴이 골목 귀퉁이를 돌아 나와 앞을 막아서고, 피아노 그림자만 보아도 옷장 모서리의 빨간 눈금이 다가와 눈을 가린다. 우리의 희망이자 행복이었던 딸아이는 이제 한 가정을 꾸려가고 있는 주부가 되었다. 아내와 나만 알고 있는 비밀이라 믿어왔던 이 눈금 조작 사건이 직접 당사자인 딸아이의 입을 통해 우리에게 되돌아오던 날 우리 내외는 또 한 번 얼굴을 붉히는 죄인이 되어야 했다. 식구들과 지난날의 이야기를 나누는 자리에서다. 딸아이도 처음에는 우리의 눈치를 보며 피아노를 사 줄 것이라 기대했으나 시간이 지나면서 피아노에 대한 관심이 줄어든 데다 어느 날 눈금이 조작되고 있다는 사실과 우리의 속셈을 알아차리고는 슬그머니 욕심을 접어 가슴에 묻었더란다.

정말 축복받은 세상이다. 손자들의 재롱이나 자랑 한마디에 수 십·수 백 만 원짜리 물건을 장난감 사주듯 선뜻선뜻 사 줄 수 있는 세상이 되었으니 말이다. 초등학교 다니던 시절 소풍 날 아침 눈깔사탕 사먹을 용돈을 요구하며 떼쓰던 우리들의 모습과 일 환짜리 지폐 한 장을 끝내 쥐어주지 못해 아침나절이 다되도록 아이를 달래고, 사정하며 꾸짖고, 속상해하던 어머니들의 얼굴이 크게 다가온다. 돌아오는 차안에서 자꾸 되뇌며 다짐해본다. '주야! 너에게는 이미 지키지 못한 약속이 되었지만 너를 대신해서 너의 아들딸한테는 꼭 그 약속을 지키겠노라.'고.

아내의 간병

올해도 건강검진 통보서가 날아 왔습니다. 검진을 받기도 전에 가슴부터 두근거립니다. 해가 갈수록 그 두근거림이 심해집니다. 검진을 할 때마다 겁을 주는 결과가 한두 가지씩 불어나기 때문입니다. 아내가 눈길을 피합니다. 마음이 아픕니다. 아내가 잠을 이루지 못하고, 뒤척이면 하늘이 원망스럽습니다. 아내의 몸에서 열이 나고, 힘들어하면 가습이 조여듭니다. 아내가 밥맛이 없어 숟가락질을 멈추면 가슴이 철렁합니다. 아내가 엉뚱한 일을 하면 가슴이 메워집니다. 아내는 도리어 내 걱정을 합니다. 만사가 귀찮은 모습을 보이면 내 몸에서 힘이 빠져나갑니다. 나는 아내에게 큰 간병의 빚이 있습니다. 십여 년 전 자가 면역결핍 질환의 일종인 길랑-바레 증후군이라는 희귀병을 앓았었습니다. 쉽게 말하면 근육무력증이지요. 손가락하나 까딱할 수 없고, 말도 할 수가 없었습니다. 호흡곤란과 착시현상까지 일어나 인공호흡기를 달고 살았습니다. 위급상황이 닥칠 때 마다 아내는 의사를 찾아 병원 구석을 헤매고 80kg의 거구를 이리저리 돌려 눕히며 대소변을 받아내었지요. 이승과 저승의 경계선을 넘나드는 나도 힘들었지만 아내는 더 힘든 시간을 보냈습니다. 아내의 정성은 병마와 싸우는 나의 정신적 지주가 되었고, 버팀목이 되었고, 함께 병을 몰아내는 전우가 되었습니다. 덕분에 나는 그 무서운 공포의 터널에서 빠져나와 지금까지 제2의 삶을 살고 있습니다. 아내를 간병하면서 순간이나마 지칠 때도 있습니다. 말도 제대로 할 수 없습니다. 아내가 억지를 부리거나 포기하는 기미가 보일 때는 화도 납니다. 그렇지만 화를 낼 수도 없습니다. 환자라는 생각·본인이 오죽 힘들면 저러겠나 싶어 마음이 더 아프지요.

가족들 사이에도 틈이 생깁니다. 보통 때 거리낌 없이 나누던 대화도 자유롭게 할 수가 없습니다. 전화도 조심스럽습니다. 재롱을 피우고 잘 따르던 손자·손녀 녀석들도 눈치를 살피며 거리가 멀어져 마음이 아픕니다. 친척들 사이도 소원해졌습니다. 친구들과도 그렇습니다. 부처님과 하느님께 기도도 해 봅니다. 돌아가신 조상님들께 애원도 해봅니다. 부부는 각자 따로따로가 아닙니다. 두 사람이 비록 육신은 따로 이지만 컨트롤 타워인 마음이 하나이고, 거의 모든 걸 공유하기 때문에 한 사람과 같습니다. 특히 건강문제에 있어서는 더 그렇습니다. 둘 중 어느 한 쪽이 아프면 남은 한쪽도 같은 병을 앓게 됩니다. 요즈음은 세상에서 제일 듣고 싶은 좋은 소리가 아내의 코고는 소리입니다. 아내의 코고는 소리가 들리면 마음이 편안해집니다. 가장 보기 좋은 모습은 아내가 음식을 맛있게 먹는 모습입니다. 아내로부터 부엌을 포함해서 집 살림을 물려받은 지 이십년이 넘었습니다만 아직도 시장보고 은행일 처리하는 게 서툴러 핀잔을 듣습니다. 부엌살림도 엉망이고요. 내가 살림을 맡고 보니 지금까지 가족 간의 갈등과 힘든 일이 표 나지 않고, 슬쩍슬쩍 넘어 갈 수 있었던 숨은 공은 다 아내의 고생보따리가 되었던 것입니다. 이제야 알게 되었지요.

부슬부슬 가는 비가 내리고 있습니다만 낙동강 변 자전거 도로에는 자전거행렬과 산책을 즐기는 사람들이 줄을 잇습니다. 아침나절 약수터에 오르던 산책로를 더위를 피해 아침시간 이곳으로 바꾸었습니다. 앞서 걷던 아내가 움칫 놀라 걸음을 멈추고 발밑을 들여다봅니다. 달팽이를 밟았기 때문입니다. 주위를 살펴보니 아스팔트 길 위에서 헤아릴 수 없을 만큼 많은 달팽이들이 촉수를 부지런히 움직이며 바른 길을 찾기 위해 애쓰는 모습들이 보입니다. 이미 자전거 바퀴와 신발창에 희생된 주검들이 지천에 널려있습니다. 먹이를 탐하거나 모험을 즐기려다 변을 당한 것은 아닌 것 같고. 한꺼번에 수천 마리의 달팽이가 떼를 지어 나온 것을 보면 무슨 우리가 모르는 곡절이 있을 것 같았습니다. 무성한 풀숲을 옆에 두고 어쩌다 길을 잘못 들었는지 모르지만 큰 위험에 노출된 것만은 확실해 보입니다. 병마에 시달리는 아내의 처지와 비슷하다는 애처로운 생각이 들었습니다. 한 놈씩 길가 풀숲으로 옮기다 보니 산책길이 달팽이 구출작업으로 바뀌고 말았습니다. 다행히 나의 도움을 받은 달팽이들은 일상으로 돌아가 편안한 삶을 살아가리라 믿습니다. 아내도 이 달팽이들처럼 병마의 수렁에서 빠져나와 큰 행복은 아니더라도 그저 평범한 일상으로라도 돌아오면 얼마나 좋겠습니까.

아내는 시력장애와 변비증세로 고생을 시작했습니다. 30대 젊은 나이에 왼쪽 눈 시력을 잃어 오른쪽 눈 하나에 의지해 생활해 왔는데 이제 오른쪽 눈마저 나빠져 물체를 식별하지 못해 고생하는 와중에 변비까지 따라 붙었습니다. 이십 여일 씩 배변을 못해 애를 태우고 병원을 들락거렸지만 효험이 없다가 결국 대장이 파열되어 수술까지 하였습니다. 항문을 왼쪽 복부로 노출 시켜 장루주머니를 달고 지내지요. 때문인지 심한 우울증까지 끌고 왔습니다. 세상만사가 귀찮은 모양입니다. 자신감이 없어졌습니다. 의욕을 잃었습니다. 모든 게 불안하여 걱정이 걱정을 만들어 내 소설을 씁니다. 잠을 이루지 못합니다. 잠을 재우기 위해 두세 시간씩 관세음보살을 되뇌고, 하느님께 기도하고, 조상님들께 하소연해도 효험이 없습니다. 나의 정성이 부족한 탓이겠지요. 두 달·석 달·6개월씩 수차례 입원생활을 하기도 하고 십여 년 넘게 안과·소화기내과·정신건강과 병원을 전전하며 현상유지에 급급하고 있습니다. 지켜보는 내가 힘 드는데 본인의 고생은 말할 수가 없겠지요. 시력장애와 장루장애자 판정을 받아 여러 가지 혜택까지 누리며 생활합니다. 장기요양제도에 힘입어 하루 3시간씩 요양보호사의 도움으로 재가요양도 하고 있습니다. 병마를 말끔히 걷어내고 본래의 건강을 되찾으면 얼마나 좋겠습니까마는 이 나이에 염치없는 욕심이겠지요. 더 이상 다른 병마와 섞이지 않고, 고통을 더하지 않고. 내 옆에 오래오래 있어주기를 소망하며 기도하고 하소연 해 봅니다.

아이들은 아내를 돌봐야하는 내가 퍽 안쓰러워 보이나 봅니다. 하루가 다르게 자신감이 없어지고, 신체 각 기관의 기능이 떨어져 나이 먹는 표가 나니 저희들도 걱정이 많겠지요. 그래서인지 자꾸 요양원과 요양병원 이야기를 꺼냅니다. 실제로 이방면의 특정 시설들을 수소문해서 구체적인 정보들을 많이 수집해 두고 있나 봅니다. 나 역시 힘이

들고 지칠 때 그런 생각을 안 해 본 것은 아닙니다. 그러나 아내의 처지를 생각하면 차마 그렇게 할 수 없다는 생각이 앞섭니다. 당장 아내가 시설 생활에 적응을 할 수 있을지 의문이 생깁니다. 언제인지는 모르지만 서로 헤어져야하는 운명이 정해져있고, 지금의 생활도 분명히 임계점이 정해져 있겠지요. 그게 어디까지인지 어떤 형태인지를 모를 뿐입니다. 요즈음 가까운 친지나 친척들까지도 '성한 사람이라도 살아야 한다.'면서 시설 쪽을 권합니다만 이것저것 생각이 걸리는 데가 많아서 잠이 오질 않습니다. 하루하루 시간만 보내고 있습니다.

길랑-바레 증후군

사람들은 일상생활에서 건강이라는 말을 자주 쓴다. 특히 나이 많은 사람들의 모임에 나가면 화제의 대부분이 건강이야기다. 나 또한 만나고 헤어질 때 인사말로 건강이라는 단어를 많이 써 왔다. 그러나 지금까지 내가 써 온 건강이라는 말 속에는 진정성이 없었던 게 사실이다. 뒤늦게나마 사실을 고백하고 반성한다. 지금까지 나는 심하게 아파본적도 없고, 건강 때문에 고민해 본적도 없고, 몸에 좋다는 보양식을 먹은 적도 없고, 의도적으로 땀을 흘린 일도 없었는데 어찌 건강의 참뜻과 중요성을 알았겠는가?

ㄷㅇ초등학교에 부임하여 두 번째 졸업식을 앞둔 시점에 난 데 없는 불청객이 찾아 왔다. 『길랑-바레 증후군』이라는 병마다. 평소 건강에 대해 신경 쓸 일이 없을 만큼 튼튼한 몸을 유지하며 살아왔는데 갑작스럽게 당하는 일이라

황당하기 이를 데 없었다. 해운대 성심병원과 동의의료원을 거쳐 부산대학병원에서 병명을 알아내기 까지 꼬박 2박 3일이 걸렸다. CT·MRI·혈액검사·소변검사 심지어 골수검사까지 안 해본 검사가 없다. 혈액이나 소변 검사는 수십 차례 했던 것 같다. 자주 발견 되는 병이 아니라 병원에서도 관심이 높았던 모양이다. 병명을 알아보고 치료하기 위한 검사와는 별도로 이 병에 대한 기록을 얻어 남기기 위한 검사도 병행 되었던 것 같다. 처음 병원을 찾았을 때만 해도 스스로 걷고, 돌아누울 정도로 운신이 가능했고, 의사전달이 가능했었는데 3일째부터는 전신이 마비되어 손가락 하나 발가락하나 움직일 수 없고, 말도 할 수 없고, 복시현상까지 나타났다. 나중에는 호흡곤란으로 이어지면서 눈앞에 죽음의 그림자가 어른거리기 시작했다.

신경과 ㄱ과장님과 수련의 두 사람이 팀을 꾸려 어렵게 진단해낸 병명은『Guillain-Barre Syndrome』이다. 쉽게 말하면 근육 무력증이다. 자가 면역결핍 질환의 일종이며 희귀병으로 알려진 질병이라고 한다. 병균(항원)이 우리 몸에 침입하면 항체가 생기고, 이 항체가 병균과 싸워 병을 퇴치하는 일연의 면역 체계를 형성해나가는 것이 일반적인 과정인데 자가면역결핍증의 경우 항체가 병균과 대항하지 않고 환자의 특정 기관이나 조직을 파괴하여 그 기능을 마비

시키는 면역체계의 이상현상으로 생기는 병이라 한다. 일종의 쿠데타인 셈이다. 병 자체도 황당하지만 더욱 놀라운 것은 마땅한 치료 방법도 없고, 치료 약물도 없다고 하니 아연실색 할 일이 아닌가? 면역 글로빈이라는 주사로 혈액 농도를 묽게 하여 부작용을 줄이는 방법이 유일하게 시행할 수 있는 처방이라 하니 가족들에게는 청천벽력이 아닐 수 없었다. 실낱같은 희망도 사라져버린 허탈한 마음 가눌 길이 없었다. 그렇다고 생명을 포기 할 수도 없어서 면역 글로빈이라는 주사를 하루 한 병씩 5병을 맞았다. 와중에도 증세가 점점 심해져 인공호흡기를 부착하였다. 처음에는 팔다리 근육에서 시작된 마비증상이 자율 신경계로 옮아가 눈에 복시 현상이 나타나고, 성대·식도·허파 순으로 그 기능이 악화되니 속절없이 이대로 죽을 수 있겠다는 생각으로 눈앞이 캄캄 해졌다. 어쩌다 비몽사몽간에 꿈을 꾸면 이승과 저승을 오가거나 저승주위를 맴도는 꿈이 대부분아다. 시골에서 문병차 병원을 찾아온 가까운 친척들은 낙담을 하며 시골에 올라가 장례식 준비를 하자는 의견까지 나누었던 것으로 안다.

정말로 이대로 죽는 것일까. 왜 내게 이런 병이 찾아왔을까? 나 몰래 내가 무슨 죄를 지은 일이 있을까? 주위를 살펴보면 정말로 큰 죄를 짓고도 보란 듯이 잘사는 사람도 많은 데 하필이면 내가 왜 죽어야하나? 하는 상념들이 뇌리를 채웠다. 특별한 치료는 없었고, 매일 주치의와 수련의들이 돌아가며 상태를 점검하는 일은 계속되었다. 특별한 일이 생기면 지체 없이 달려와 급한 불을 꺼 주면서 반드시 회복할 수 있을 것이니 조금만 더 기다려 보자며 다분히 막연하고, 기약도 없는 말로 나와 아내를 위로 하였다. 비록 근본적 치료에는 접근을 못하지만 친절과 진정성만은 충분히 보여 주었기 때문에 우리는 지금까지 이 의사들의 이름과 고마움을 기억하고 있으며 잊은 적이 없다. 입원 이후 아내는 환자인 나보다 몇 곱절 더 힘든 시간을 보냈다. 행여 나의 일거수일투족을 놓칠세라 노심초사하며 80kg이 넘는 나를 이리저리 돌려 눕히고, 위급 상황을 의사선생님들께 알리고, 이를 수습하기 위해 뛰어 다니는 모습이 애처롭기 그지없었다. 본인이 먹고, 자는 일은 아예 챙길 겨를조차 없었다.

달이 바뀌면서 희망적인 기운이 감돌기 시작했다. 어느 날 한 젊은이가 찾아왔다. 같은 신경과에서 수련의 과정을 밟고 있다고 했다. 본인의 아버지 존함을 알려 주었다. 내가 평소 존경해오던 대학 선배였다. 집에서 가족들과 이야기를 나누는 과정에서 내 이야기가 나오고, 현직교장이라는 말이 단서가 되어 내 신분까지 밝혀졌던 모양이다. 아버지로부터 나를 잘 보살피라는 부탁을 받고 찾아 왔단다. 천

군만마를 얻은 기분이었다. 팀이 달라 직접 치료에 힘을 보태지는 않았지만 하루에도 몇 차례씩 찾아와 병에 대한 좋은 정보를 알려주고, 희망적인 이야기로 위로를 해주어 큰 힘이 되었다. 800cc를 밑돌던 폐활량이 조금씩 늘어나며 회복의 신호를 보내오더니 드디어 2500cc까지 회복되어 인공호흡기를 떼어냈다. 이제 죽지 않을 수도 있겠다는 생각이 머리를 스치며 죽음에 대한 불안을 걷어 내기 시작했다. 의료진과 가족들의 얼굴도 희망의 빛으로 변했다. 나에게는『제2의 인생』.『제2의 삶』이 시작되는 신호탄이었다. 병상에서 겪은 일들이 주마등처럼 지나갔다. 삶과 죽음사이의 기로에서 보내야했던 암담했던 시간들은 죽을 때까지 잊히지 않을 것이다. 이날 이후 회복의 속도가 빨라져 열흘 사이에 스스로 돌아눕고, 일어나 앉고, 침대 밑에 내려서고, 화장실 까지 걸어가 볼일을 볼 수 있게 되었다. 지켜보는 사람들이 다 놀랐다. 선생님들과 아내와 조상의 음덕 덕분이라 생각한다. 입원 한 달 보름 만에 퇴원하여 집에서 재활치료에 힘쓰고 있다. 눈·성대·폐의 기능은 차츰 회복되어 2-3 개월이 지나 정상에 가까워 졌으나 팔다리 근육의 신경은 너무 심하게 훼손되어 십 수 년 동안 정상 생활을 하지 못하다가 최근에 들어서야 아쉬운 대로 일상생활을 영위하게 되었다. 길랑-바레 증후군은 나에게서 많은 것을 앗아갔다. 인생의 황금기를 맞아 직장과 가정에 중요한 과제들이 많았었는데 동료와 가족에게 미루고, 구경만 해야 하는 처지가 되었다. 퇴임 후 가족과 함께하기로 약속했던 좋은 계획들은 모두 무산되었다. 당시 나를 가족 같이 생각하고 도와준 직장동료님들께 감사드린다. 죽음이라는 절체절명의 굴레를 벗어나오면서 『제 2의 인생』을 살겠노라. 다짐했던 것들을 점검해 본다. '언제 죽어도 여한이 없다.' '욕심을 버리겠다.' '남을 위해 살겠다.' '남을 위해 쓰겠다.' '사회에 봉사하겠다.' 하나같이 거창한 화두였지만 다짐했던 대로 실천한 것은 하나도 없다. 마음속에는 말빚으로나마 남아 있는 것 같다. 사람들이 살아가는 것이 말처럼 쉬운 것이 아닌가보다. 그렇게 어려운 일이 아닐 것 같은데 현실은 그렇지 못하다. 죽기 전에 실천해보자는 다짐을 다시 해본다. 퇴원 후 투병기를 작성하여 인터넷에 올렸더니 전국 각처 관심 있는 사람들로부터 많은 전화가 걸려 왔다. 의외로 이 병으로 고생하는 환자가 많았다. 특히 면역체계가 완성되지 않은 5세 이하 어린아이들에게 많았고, 어른들도 상당수 있었는데 어른들은 대부분 심한 후유증을 가지고 있었다. 수 년 동안 상담 활동이 이루어졌고, 우리 집으로 찾아오는 사람도 있었고, 내가 환자 집을 방문 한 적도 있다. 『길랑-바레 증후군』은 내 인생의 큰 고비였고, 감당하기 어려운 시련이었다.

어머니

올해도 어김없이 우수 경칩을 따라 봄소식과 꽃소식이 전해진다. 메말랐던 나뭇가지에 앙증맞게 꽃망울이 부풀고, 해묵은 매화나무는 성급하게 꽃을 피워 매단다. 앞 다투어 피어나는 꽃들을 보고 있노라니 문득 지난해 겨울 찬바람을 안고 황망히 우리 곁을 떠난 어머니의 넋두리가 귓전을 울린다. 말년의 어머니께서는 흐드러지게 피는 꽃을 대할 때마다 가슴이 답답해지고, 서글퍼지고, 한심해지고, 불안해져서 몸 둘 바를 몰라 하시며 한숨 섞인 넋두리를 입버릇으로 되 뇌이셨다. 오늘따라 어머니가 보고 싶다. 많이 보고 싶다. 궁금한 물음도 많다. 숙연해진 마음 가눌 길 없어 눈을 감고 상념에 잠긴다. 얼마를 지나니 신기하게도 어머님의 모습이 눈앞에 선명하게 그려진다. 만면에 웃음을 띤 채 인자한 모습으로 새들의 지저귐과 함께 꽃동산을 빠져나와 나를 주시하며 사뿐히 다가오신다. 생전에 보지 못하던 모습이다. 근심걱정과 고통에서 해탈하신 듯 한없이 편안하고 성스러운 모습이다. 생전 시골교회 권사님으로서 신앙생활을 통해 쌓은 공덕이 모두 인정되어 천당으로 부름을 받고, 하느님 곁에서 홍복을 누리시나 보다.

젊은 시절 어머님은 보통 사람들처럼 꽃을 좋아하셨다. 들일을 마치고 돌아오는 길가에 피어 있는 꽃을 꺾어 와 빈 병에 꽂아 두기도 하고, 꽃을 받아들고 좋아하는 우리들의 모습을 보며 함께 즐기시곤 했는데 연세가 높아지고, 자신감과 체력이 한계에 부딪치면서 꽃에 대한 생각과 대응이 확연하게 달라졌다. 긴 겨울 혹독한 시련을 겪지 않은 꽃이 없고, 사람들의 감탄과 찬사를 이끌어 내지 못한 꽃도 없다. 그럼에도 불구하고 시들어 버려진 꽃은 사람의 눈길에서 멀어져 천덕꾸러기 신세가 되고, 흙먼지 따라 이리저리 뒹굴다 끝내 쓰레기장에서 생을 마감한다. 우리네 인생도 꽃의 한 살이와 다를 바 없다. 당신이 살아온 여정을 돌아보고 남은 여정을 미루어 보면 당신의 꽃에 대한 변심의 이유는 자명해진다.

어린 시절 성장 과정에서 변변한 대접 한 번 받아 본적 없고, 한창 때는 가난한 가정에서 불철주야 오직 가족의 안위와 부양을 위해 자신을 버리고 철저하게 희생하면서 이 가정을 여기까지 이끌었는데, 어느 날 자신과 주변을 둘러보니 영화는 자취를 감추고 남은 건 얼굴의 주름과 망가진 육신뿐이다. 자신감과 체력이 바닥나 한 몸 가누기도 어려운데 하늘처럼 믿고 애지중지 키운 자식들마저 떠나고 빈 둥지에 당신만 외톨이로 남았으니 그 허탈감이 오죽 했으리요. 계절 따라 흐드러지게 피어나 스러지고 페기 되는 꽃을 보면 반가움 대신 현실의 외로움과 시시각각 다가오는 운명의 그 짙은 그림자가 두렵고 무서웠던 것이다. 해마다 이때가 되면 어머니 생각에 푹 젖어들 것이다.

힘이 모자라 나라까지 빼앗긴 민초로 세상에 태어나 열악한 환경에서 헐벗고 굶주리며 유년 시절을 보냈다. 열여덟 어린 나이에 출가하여 새 가정의 일원이 되었으나 식구들의 얼굴을 익히기도 전 시어머니가 뇌졸중으로 몸져누우셨다. 치료를 위해 백방으로 치료에 힘썼으나 효험이 없었다. 이렇게 시집 초년고생이 시작되어 할머니가 돌아가실 때까지 13년 동안 음식을 떠먹이고, 용변을 받아내는 간병을 도맡아 하며 때 되면 식사 챙기고, 낮에는 농사일, 밤엔 길쌈하느라 잠 한숨 제대로 못 주무셨을 것이다. 이런 와중에 6.25까지 발발하어 우리 민족 모두에게 큰 시련과 고통을 안겨주었다. 종전이 되고 나라가 안정을 되찾기까지 약5년 여 가장인 남편이 군에 입대하여 전선으로 달려간 사이 남편을 대신하여 시부모를 봉양하고, 아이들을 키우면서 가정과 가족을 안전하게 지켜내셨다.

아버지, 어머니께서는 모두 학교교육을 받지 못하였다. 전쟁 중 할아버지가 거처하시던 사랑채를 내어주며 동네 청년들로 하여금 마을에 거주하는 문맹자를 모아 한글을 가르치게 하였다. 이른바 야학이다. 아버지 어머니가 처음 한글을 깨우쳐 문맹에서 탈출 하여 글을 읽고 쓰면서 기뻐하시던 모습이 눈에 선하다. 그러나 학교 교육을 제대로 받지 못한 사실이 가슴에 한으로 맺혀 훗날 자녀들에 대한 교육열의 불쏘시개가 되었다. 배우지 못한 당신들의 한을 풀기위해 자식들만큼은 어떤 어려움이 닥쳐도 모두 대학에 보내자고 두 사람이 맹세까지 하고, 실천하셨다. 당시의 열악한 가정형편을 고려하면 무모한 결심이었고, 주위의 비아냥거림이 있었지만 두 분은 아랑곳하지 않았다. 이런 두 분의 결심과 노력덕분에 두 분의 목표는 달성되었고, 우리 동기들은 진학하여 나름대로 학교를 졸업하여 직장도 얻고 나름대로 사회생활을 영위하고 있다.

어머니는 평소 비교적 건강하셨다. 바른 식습관·바른 자세·규칙적 운동으로 건강관리를 잘해서 혈압·대사증후군·암 등 예우가 좋지 않은 질병으로부터 자유로우셨다. 말년에 시작된 치매증상으로 잠시 요양원 신세를 지셨으나 이곳의 훌륭한 시설과 돌봄 덕분에 적응을 잘하셔서 지켜보는 우리들로 하여금 안도감을 주고, 백세까지 누리시겠다는 희망까지 안겨주었다. 그러나 그것은 한낱 우리들의 바람이었을 뿐 우리들과 이별해야하는 어머니의 운명은 정해진 수순을 따라 착착 진행되고 있었던 모양이다. 대수롭잖은 설사증세를 보여 일반병원으로 옮겨 집중 치료에 들어갔으나 좀처럼 호전되지 않았다. 점점 기력이 떨어지고, 끝내 음식물을 삼키지 못하고, 혼미상태가 반복되는 지경에 이르렀다. 의사 선생님의 자세한 설명과 환자의 상황으로 미루어 운명의 순간이 도래하였음을 예감하고, 병원에서 지근거리에 있는 막내 집으로 옮겨 간병하게 되었다. 아흔여섯 번째 생신을 일주일여 남겨둔 시점이었다. 두 여동생이 성심을 다해 수발을 들었으나 어머님의 발길을 돌릴 수는 없었다. 생신날 전 가족이 모여 어머님과 이별의 시간을 가진 뒤 5일후 하느님의 부름을 받고, 고통 없이 편안한 모습으로 우리들 곁을 서둘러 떠나셨다. 이 순간을 염두에 두고 나름 준비를 하였으나 이렇게 부실하고 허무한 이별이 되고 말았다. 이승에서 이루지 못한 일들은 하느님의 나라 천당에서 다 이루시기 바라면서 모자랐던 저희들의 소행에 대해 용서를 빌 뿐이다.

2부

더불어 사는 삶

반면교사 | 약수터 | 깃발 | 동네 목욕탕 | 일등 시어머니
선행 | 초등학교 동창회 | 호롱불 | 온정으로 피운 꽃
호국보훈의 달 | 6.25 남침

반면교사

비 개인 하늘이 어머니 가슴처럼 포근하다. 띄엄띄엄 구름사이로 청자 빛 하늘이 높고, 감로주를 머금은 이파리가 황금햇살을 받아 풋풋한 생명력을 뿜어 대지를 감싸는 상큼한 주말이다. 바람에 실려 온 아카시아 꽃냄새가 힘을 보태 농익은 신록의 바다로 등을 떠민다. 어디론지 훌쩍 떠나고 싶은 충동을 느끼며 퇴근길에 올랐다. 라디오 스위치를 끄고 창문을 내리니 오붓함이 차안을 채운다. 오랜만에 느껴보는 편안함이다. 여기 저기 모내기 준비에 분주한 농부들의 일손이 오히려 한가로워 보인다. 들판을 가로질러 남해고속도로에 오르니 고향의 봄소식에 대한 기대를 잔뜩 실은 차들이 신바람을 일으키며 고향 길을 재촉한다.

낙동대교에 접어들었을 때다. 강물처럼 평화롭게 흐르는 차량 행렬 틈에 요리조리 차선을 넘나들며 유독 빠르게 움직이는 검은색 승용차 한 대가 룸미러에 잡히더니 잽싸게 내차 앞으로 끼어든다. 모처럼 홀가분해진 기분을 방해 받고 싶지 않아 강 쪽으로 시선을 옮기는데 문제의 승용차 운전석으로부터 담배꽁초가 튕겨져 나와 길바닥에 뒹굴고, 뒤따라 나온 가래침이 공중에 흩날리면서 그 주인 양반의 비뚤어진 양심이 강서 운동장 상공에 떠 있는 애드벌룬에 걸려 펄럭인다. 손바닥 안 보석을 강물에 빠뜨린 것 같은 허전함이 밀려와 차안의 오붓함을 순식간에 밀쳐낸다. 벌레 씹은 뒷맛이다.

화명 나들목에서 남해 고속도로를 빠져나와 강변도로에 들어서니 철길 울타리를 따라 흐드러지게 피어 있는 빨간 덩굴장미가 지나가는 차량마다 고개 숙여 반긴다. 아침저녁으로 매일 지나다니는 길이건만 오늘따라 전혀 다른 모습이다. 번번이 계절이 이름을 바꾸고 한참이 지난 뒤에야 아쉬워하곤 했었는데 올해도 예외가 아닌듯하다. 봄을 위해 겨울동안 모진 추위와 눈바람을 견디며 준비해온 장미의 화려한 춤 공연을 진작 봐주지 못한 미안함이 스친다. 온몸을 흔들어 열연하는 장미의 물결이 강물에 가라앉은 보석을 건져 내손에 다시 쥐어준다. 자연의 정화 능력은 참으로 위대한 것 같다. 사람들이 만들어내는 수많은 생채기를 불평 한마디 없이 재생시키고, 그 인간들의 마음과 상처까지 어루만져 치유해 주지 않는가?

불쾌했던 심사를 어루만져준 장미의 도움에 감사하며 구민區民 운동장을 돌아 금곡 시가지에 들어섰다. 가로수 가지마다 초여름 옷을 입은 봄이 열려 있다. 보도 위를 걷는 아녀자들의 짧아진 옷차림이 화사하고 발걸음도 경쾌하다. 물씬 얼굴을 감싸오는 초여름의 기운에 빠져드는 순간 제2의 훼방꾼이 등장하였다. 귓전을 울리는 경적소리였다. 초등학교 교문에서 부터 뒤따라오던 승용차의 소행이다. 처음에는 무단으로 횡단하는 보행자 때문일 것이라 생각했으나 삼사백 미터를 따라오면서 전조등까지 깜박거리는 것으로 보아 내 차의 속도 때문이라는 확신이 들었다. 편도 2차선 도로를 사이에 두고 아파트단지와 초·중·고등학교가 줄지어 있는 곳이어서 마땅히 서행해야 하고, 경적금지구역이 분명함에도 불구하고 거칠고 신경질적인 경적소리가 차주인의 인품을 싣고 사방팔방으로 퍼진다. 경적 스위치를 주먹으로 내리치는 것이 분명하였다. 길을 양보하려고 해도 도로 양쪽에 주차하고 있는 차량 때문에 쉽지가 않았다. 간신히 길을 피해주자 삿대질과 함께 고함까지 지르며 사라진다. 양보를 해줘서 고맙다는 인사치고는 고약스럽다. 정장차림으로 외제차를 운전하는 신사의 이미지에 전혀 어울리지 않는 뒷모습을 물끄러미 쳐다보며 은근 슬쩍 부아가 치밀어 올랐다.

『뛰뛰 뛰뛰 뛰뛰 빵빵…….』

참 정겨운 노랫말이다. 이 노래를 들으면 명랑한 거리가 눈앞에 펼쳐진다. 하지만 나는 경적소리를 좋아하지 않는다. 달갑잖은 한 추억 때문이다. 어렵사리 마이카시대에 편승하여 첫 승용차를 마련해 하루하루 흥분과 긴장 속에 살던 때다. 그 때는 운전석에 앉기 전부터 가슴이 콩닥거리고, 거리에 나서면 사람들이 모두 나만 쳐다보는 것 같았다. 교통경찰이 눈에 띄면 오금부터 저려오고, 따라 오는 차가 경적을 울리면 내가 무엇을 잘못했나하고 겁이 나서 쩔쩔매기 일쑤였다. 결국은 경적 소리에 당황하여 접촉사고를 내고 말았다. 욕설 한 바가지와 자존심 한 보따리를 교환하는 것으로 수습은 되었지만 새 승용차에 난 흠집에 마음이 쓰여 애태우던 아픔이 지금도 생생하다. 승용차 흠집을 내 얼굴에 옮겨 올 수 있다면 몇 번이라도 옮겨오고 싶은 심정이었다. 그날 그 순간의 장면과 승용차에 대한 미안함은 오래 동안 나를 괴롭혔다. 이 일이 있은 뒤 나는 경적을 사용하지 않기로 작정하고 지금까지 변함없이 실천해오고 있다.

차를 몰고 거리에 나오면 심심찮게 무법자들을 만난다. 신호위반에서부터 음주 운전·역주행에 이르기 까지 크고 작은 불법·난폭운전자들이 도로에 넘쳐나고 있다. 이들은 모두 우리들의 반면교사들이 아닐까? 지금 이 순간 응급실이나 물리치료실에서 고통과 피해자들에 대한 죄책감을 곱씹으며 때 늦은 통한에 젖어 있을 교통사고 당사자들 또한 우리의 반면교사들이다. 우리 집에도 간혹 교통위반 범칙금 통지서가 날아드는 것을 보면 나 역시 다른 사람들에게 반면교사가 되고 있음을 부인하지 못한다. 본인과 가족의 안전을 지키고, 주위 사람들에게 걱정과 부담을 주지 않는 행복한 운전자가 되려면 모범운전자의 덕목을 갖추는 일에도 힘써야 될 것 같다. 결코 어려운 일도 아니다. 거리에서 만나는 반면교사들에게 한 수 한 수 배워 나가면될 것 같다. 시간을 내어 먼 길을 찾아갈 필요도 없고, 수강료가 드는 것도 아닐 것이다. 반면교사들이 보여주는 시범을 따라 하지만 않으면 된다. 다른 사람들의 단점을 찾아 욕을 하거나 충고하기는 쉬워도 정작 본인의 단점을 찾아 고치는 일이 말처럼 쉬운 일은 아니지만 반면교사들의 가르침을 바르게 배우고 실천하는 사람들이 늘어난다면 그만큼 우리의 교통문화도 성숙되지 않겠는가? 질서가 있어 아름답고, 온정이 넘쳐나서 명랑하고 건강한 거리를 꿈꿔 본다.

약수터

오솔길을 따라 약수터에 오르며 봄의 향취에 젖는다. 올해도 봄은 조용히 찾아 왔다. 소리 소문 없이 골짜기 눈 녹인 물로 실개천의 얼음을 걷어내고, 노란 개나리를 둘러 아파트 울타리를 꾸미더니 어느새 진달래 붉은 꽃잎으로 양지쪽 산비탈에 수를 놓았다. 겨울바람의 심술에 부대끼던 나뭇가지가 봄바람의 속삭임에 화답하여 새로 빚어낸 연초록 잎이 햇살을 머금어 부신 듯 수줍은 듯 주위를 살핀다. 개구쟁이시절 저수지 둑을 헤매며 삘기를 뽑고, 앞산에서 참꽃을 꺾어 혓바닥을 물들이던 그때나 지금이나 봄은 다름이 없다. 앞뒤 순서를 어기는 일도 없고 모습을 바꾸는 일도 없다. 해마다 그렇게 찾아와 산천을 누벼 생명마다 혼을 불어 넣고, 가슴을 부풀린다.

산 중턱에 이르니 바위틈에서 흘러나오는 약수가 다소곳

이 미소 지어 반긴다. 언제 어느 때 누구와 같이 와도 그 표정 그 눈길이다. 신분 따라 차별하지 아니하고, 은밀한 재료를 넣어 특별히 맛을 내는 일도 없다. 봄이 만든 풋풋한 냄새와 싱그러운 공기를 섞어 허파에 움켜 담고, 약수 한 바가지를 들이켜 이마에 맺힌 땀을 식히니 금세 신선이 되어 하늘을 나는 듯 상쾌하다. 세상만사가 순식간에 자취를 감추고, 오붓함과 편안함이 전신을 휘감아 무아경으로 밀어 넣는다. 바로 그 순간이다. 핸드폰에 도착한 메시지 한 통이 순식간에 산통을 흔들어 놓고 만다. ○○ 회원권 추첨에 당첨된 것을 축하한다는 황당한 내용이다. 모처럼 얻은 행복의 싹을 일방적으로 잘라버린 얼굴 없는 이의 만행이 얄밉기만 하다. 하필이면 왜 이 시간에……. 치밀어 오르는 부아와 핸드폰을 두고 오지 않은 후회가 가슴을 누른다.

스팸메일의 폐해는 나만의 문제가 아닌 듯하다. 며칠 전 동창회 회식자리에서도 이 문제가 화제가 되어 장시간 장내 분위기를 달군 적이 있다. 내용과 형태가 다양하고 수법이 기발하여 속아 넘어가기 십상이란다. 좌중에는 직접 피해를 입은 사람도 있었고, 위험 직전 낭패를 모면했다는 친구의 경험담이 추리소설 한 토막처럼 흥미를 끌었다. 세상살이가 하도 복잡하니 속임을 당하며 살아 갈 수밖에 없다는 자조 섞인 탄식도 새어 나왔다. 가짜가 활개를 치고, 같은 상품이라도 파는 곳마다 가격이 천차만별이란다. 먹거리와 화장품에 위험물질이 섞이고, 싸구려 외국산이 국산으로 둔갑하는가 하면 택시기사가 강도로 돌변하기도 한다. 눈앞의 목적을 달성하기 위하여 아녀자를 납치 감금하여 목숨까지 빼앗는 일이 드물지 않거니와 사실을 왜곡날조하고, 이를 유포하여 개인의 명예를 짓밟고, 사회적 혼란을 야기하는 일도 다반사가 아닌가? 시시각각 봇물처럼 쏟아지는 광고전단지·언론매체·인터넷·핸드폰·전화·대형마트·재래시장……. 도처에 올가미를 감춘 속임의 미끼가 호시탐탐 기회를 엿보고 있는 것이 어제 오늘의 현실이다. 속이려는 사람이나 속는 사람의 마음에 도사리고 있는 허황된 욕심 때문에 생기는 사회적 현상이라는 철학적 분석을 내놓는 친구도 있었다. 언제부턴가 스팸메일은 짜증과 낭패를 양산하는 독버섯이 되어 일상의 울타리 안에 자생 공간을 넓혀가고 있다. 워낙 위장술이 뛰어나서 진위를 가리기도 어렵다. 이 때문에 때로는 친절과 미소가 오해를 받고, 의외의 피해를 입는 일이 생기기도 한다.

퇴임 준비에 여념이 없던 지난 2월 중순 무렵 사무실에서 전화 한 통화를 받았다. '과잉 징수한 보험료를 환불하겠으니 통장번호를 알려 달라'는 내용이었다. 직감적으로 속임수라는 생각이 들어 앞뒤를 가리지도 않고, '쓸데없는 소리하는 시간에 낮잠이나 자라.' 하고 퉁명스럽게 쏘아 붙이며 수화기를 급히 놓아 버렸다. 전화를 끊고 시간이 흐르면서 너무 심하게 몰아붙였다는 생각이 고개를 들었다. 국민건강보험공단 부산○○지부 '김 아무개'라 는 신분까지 밝히고, 폭언을 감수하며 설득하려고 애쓰던 그의 태도도 마음에 걸렸다. 아무래도 다시 알아봐야겠다는 생각이 들어 부산국민건강보험공단에 전화를 걸어 자초지종을 설명하고, ○○지부에 '김 아무개'라는 직원이 있느냐고 문의하였더니 그런 사람이 없다는 말과 함께 고객에게 고지해야 할 사항이 생기면 반드시 공문으로 알린다면서 요즈음 그와 유사한 사기가 횡행하고 있으니 속지 말라는 당부까지 하였다. 내친김에 ○○지부에 다시 전화를 걸어 '김 아무개'라는 사람을 찾았더니 비슷한 이름을 가진 사람이 있다며 전화를 돌려 연결해 주었다. 조금 전 나에게 전화했던 바로 그 사람이었다. 예상이 한참 빗나간 것이다. 며칠 전 학교로 관련 공문을 보냈으며 학교 행정실에서 알려온 통장으로 송금을 하려고 했으나 입금이 되지 않아 직접 전화를 했었다는 것이다. 행정실에 확인해보니 사실이 일치하였다. 정중히 사과를 하기는 했으나 순간이나마 업무에 충실했던 사람을 의심하고, 본의 아니게 공무를 방해 했던 일이 멋쩍기만 하였다. '업무를 추진하면서 자주 당하는 일이니 마음에 담아두지 말라.'는 그의 말이 긴 여운을 남겼다.

시골집에는 어머니가 노래자랑에서 상품으로 타온 크고 작은 플라스틱 그릇이 한 방 가득하다. 마을을 순회하며 물건을 파는 장사들이 사람을 모으기 위해 벌이는 노래잔치다. 상품을 받아 오는 날은 어김없이 아들과 딸들에게 전화를 걸어와 흥분이 채 가시지 않은 목소리로 자랑을 한다. 어머니는 노래 부르기를 좋아하고, 당신의 노래 솜씨에 대한 자부심이 보통이 아니다. 그래서 이런 날은 가족들이 따로따로 전화를 해서 축하 인사를 하고 함께 기뻐한다. 그러면서도 한편으로는 상품에 비례하여 방안에 쌓여가는 건강식품이며 의료도구며 생활 용품에 대한 걱정이 앞선다. 효능과 성능을 따지기 이전에 부작용으로 인하여 건강을 해치지 않을까 하는 생각 때문이다. 선량한 시골 노인들을 상대로 용돈을 축내고 심지어 목숨까지 잃게 했다는 어느 사기꾼의 보도를 접하고 눈앞이 캄캄했던 일도 있다. 이처럼 속임의 마수는 한적한 시골의 마을도 비켜가지 않는다.

약수터를 찾는 발길이 쉼 없이 이어진다. 사업에 실패하고, 한 때 증권에 투자하여 전 재산을 날려 심하게 속앓이를 하던 친구의 말이 귓전을 파고든다. "언제나 반겨 주고, 편안함을 주며 속이지 않아서 약수터를 찾는다고……."

깃발

깃발은 사람의 마음을 움직이는 힘이 있다. 하찮은 헝겊 조각이라도 나무나 줄에 걸려 나부끼면 힘이 생긴다. 어릴 때 성황당·당집·당산 주위에 매달아 놓은 색색가지 천 조각을 보고 이상야릇한 마음의 변화를 감지했던 기억이 있다. 이런 헝겊의 속성이 민속신앙의 의식에 접목되어 발전과 변화를 거듭하면서 지금처럼 세련되고 다양한 깃발들이 탄생했을 거라는 추정을 해본다. 비단 우리나라 뿐 아니라 다른 나라에서도 민속신앙의식에 헝겊이 활용되는 사례가 있고, 특히 원주민들 사회에서는 아직도 이런 방식의 의식들이 많이 남아 있어 눈길을 끈다. 깃발은 상징성을 가진다. 색깔이나 문양·모양이나 크기에 따라 내용이 다르고, 목적이나 용도에 따라서도 역할이 다르다. 깃발은 보이지 않는 힘을 가지고 있다. 힘과 용기를 북돋우는 능력이 있고, 사기를 진작시키는 힘이 있고, 일체감을 형성하고 결속시키는 힘도 있다. 연대감을 촉발시켜 행동목표를 향해 나아가는 마력도 있다. 때로는 은근슬쩍 복종과 희생을 강요하는 경우도 있다.

학창시절 가장 추억에 남는 것은 뭐니 뭐니 해도 초등학교 시절 운동회다. 성년이 된 후에도 이 운동회의 추억을 잊지 못하여 자주 화제로 삼고, 고향과 그때 그 시절 코흘리개 친구들 얼굴을 떠올리며 향수에 젖곤 한다. 잘 지워지지 않는 참으로 진한 추억이다. 운동회 날짜가 잡히면 한 달 전부터 전교생이 청백으로 나뉘어 연습을 한다. 운동장 둘레에 코스모스가 만발하고 맑은 하늘에 만국기가 펄럭이면 머리띠·운동화·러닝셔츠·러닝 팬티로 산뜻하게 차려 입은 선수들 가슴에 용기가 솟고, 어깨에 힘이 주어진다. 운동회의 인기 종목은 여자부 무용·남자부 꾸미기체조·기마전 등이다. 마지막을 장식하는 청백계주가 시작되면 응원전이 절정에 달한다. 이때 한 몫 하는 것이 청백 깃발이다. 응원 깃발은 선수들의 사기를 높이고, 용기를 북돋우며 일체감을 일깨운다. 청군·백군의 최종 득점이 게시판에 내 걸리면 이긴 편의 응원 깃발은 힘차게 펄럭이며 파도를 타고, 패자 편 응원 깃발은 풀이 죽어 시선을 끌지 못한다. 맘속에 진하게 남아 있는 운동회가 지금은 학교현장에서 사라져가고 있다 하니 아쉬움이 크다.

애국가가 연주되는 가운데 태극기가 게양되고, 올림픽 시상대에 우뚝 선 우리 선수들의 늠름한 모습은 상상만 해도 가슴이 뛴다. 우리나라 국민들은 올림픽 시상식 현장 중계를 통해 우리나라 선수들의 시상모습을 실시간으로 즐길 수 있는 긍지 높은 국민이 되었다. 우리 선수들의 성적이 향상되어 메달을 목에 거는 선수들이 많아졌기 때문이다. 전 세계를 향해 울려 퍼지는 시상식의 애국가는 평소 우리가 부르고 듣던 그런 애국가가 아니다. 태극기와 태극 마크도 마찬가지다. 왈칵 눈물이 쏟아질 정도로 자랑스럽고 감명 깊은 장면이 아닐 수 없다. 달려가 선수들을 끌어안고 춤이라도 추고 싶다. 그날의 영광은 선수 자신 만의 영광이 아니다. 선수의 의지와 피눈물 나는 노력·지도자의 가르침·국가의 지원·뜨거운 국민의 성원이 함께 어우러진 합작품이다. 선수·지도자·국가·국민 모두의 영광인 것이다. 시상식 중계를 시청한 국민들은 부지불식간 애국가·태극기·태극 마크와 혼연일체가 되어 자긍심을 느끼고 나라를 사랑하는 국민으로 거듭났을 것이다.

광화문 태극기 집회에 열심히 참여하던 때가 있었다. 콜레라 때문에 집회가 어려운 상황에 이르렀을 때까지 햇수로 삼년. 삼일절·광복절·개천절마다 빠지지 않고 참석했다.

해방 직후 태어나 직접 보고, 듣고, 학교에서 배우고, 교단에서 제자들에게 가르쳐 왔던 상식과 산 역사들이 언제 부턴가 사실과 다르게 왜곡되고, 오염 되어가는 현실을 지켜보면서 문제의 심각성을 깨닫게 되었다. 이대로 끌려가면 나라의 운명이 위태로워 질 수 있다는 생각이 들었고, 보통 사람들은 현 상황을 어떻게 보고 있는지도 궁금했다. 대중의 힘이 아니면 이 위기를 극복할 수 없다는 생각도 들었다. 광화문 태극기의 위력은 정말 대단했다. 광장과 인근도로를 메운 백만을 웃도는 인파와 태극기의 물결은 참으로 도도하고 장엄하였다. 함성과 열기가 하늘을 찌르고 땅을 진동시켰지만 애써 귀를 틀어막는 자들이 있었고, 사명을 팽개친 언론들이 노골적으로 사실을 외면하고, 축소 조작까지 하여 국민을 속였다. 언젠가는 준엄한 역사의 심판과 단죄가 있으리라 확신한다.

언제 부턴가 국경일이나 기념일이 되면 아파트에 게양된 태극기를 확인 하며 출근하는 버릇이 생겼다. 그 결과는 번번이 참담하다. 아파트 한 동에 국기를 게양하는 집이 많아야 두 세집이다. 국기에 대한 관심이 영 전만 못하다. 옛날에는 그래도 학교는 학교대로 학생들을 가르치고, 관공서나 언론도 나름대로 사회 분위기를 조성하여 태극기를 게양하는 사람이 많았었는데 지금은 현실이 그렇지 못해 안타깝다. 태극기를 달지 않은 사람이라고 해서 나라사랑하는 마음까지 없는 것은 아닐 거라고 생각은 되지만 국경일, 기념일만이라도 삼천리 방방곡곡이 태극기의 물결로 뒤덮이는 걸 보고 싶다. 삶 속에는 형식과 내용이 함께 존재하는 경우가 많다. 태극기를 게양하고 예를 표하는 것은 형식이지만 나라사랑하고, 자랑스럽게 생각하는 것은 내용이다. 이들은 바늘과 실의 관계처럼 일심동체다.

나라의 영광이나 큰 위기가 발생했을 때 깃발을 중심으로 온 겨레가 하나로 뭉치고, 힘을 모아 우리 민족의 저력과 의지를 세계만방에 표방한 사례는 수 없이 많다. 그 중에서도 손에 꼽히는 것으로 기미년 삼월 독립만세운동이 있다. 일본의 만행과 횡포에 항거해 남녀노소 구별 없이 전 동포가 태극 깃발을 들고 거리로 쏟아져 나와 일본의 야만적인 행위를 규탄하고 그들의 야욕을 전 세계에 알린 바 있고, 1945년 8월 15일 일본의 패망과 항복으로 빼앗겼던 나라와 자유를 되찾은 기쁨으로 삼천리 방방곡곡을 뒤덮은 태극 깃발의 위력은 정말 대단하고, 장엄해서 세계인류를 열광케 하였다. 1970년대 중반에 시작된 새마을운동은 또 한 번 우리 배달민족의 패기와 저력을 유감없이 보여준 사례다. 『잘 살아보자! 하면 된다!』는 신념하나로 똘똘 뭉친 국민들이 새마을 깃발이 펄럭이는 곳마다. 지붕을 바꾸고,

길을 바꾸고, 담장을 바꾸니 사람들의 의식까지 달라져 마침내 조국 근대화의 초석이 되고, 여기서 얻은 힘과 경험이 산업화의 거대한 대 전환기를 만들어 내지 않았던가. 우리 민족은 정말 대단한 민족임에 틀림없다. 국부 이승만 대통령은 일찍이 "뭉치면 살고 흩어지면 죽는다"는 유명한 말을 남겼다. 우리가 힘을 모와야 할 곳은 태극 깃발 아래다. 힘을 모으자. 강하고 튼튼한 나라를 위해 함께 가자!

동네 목욕탕

정년을 마치고 삶의 현장으로 돌아오니 마음이 홀가분해지고, 주위의 사물들이 예전과 다른 모습으로 다가선다. 공직생활을 하는 동안 내내 어깨를 누르던 사명과 책임에서 자유로워지니 피를 말리던 경쟁과 긴장의 올가미도 한꺼번에 사라졌다. 여생을 즐기고, 아름답게 마무리해야 할 이 시점에 시간과 공간에 구애받지 않으면서 하고 싶은 일을 마음대로 할 수 있게 된 것이 얼마나 다행스러운 일인지 모른다.

요즈음은 목욕탕에서 보내는 시간이 많아졌다. 퇴임 후 생활의 변화 중 가장 두드러진 현상이다. 따뜻한 탕 안에 몸을 맡기고 느긋하게 여유를 즐기노라면 세상만사 모든 잡념이 일순에 사라지고, 형언할 수 없는 행복감과 함께 색다른 세상이 펼쳐진다. 예전엔 경험해 보지 못했던 감정이다. 몇 달 전만해도 집 가까운 곳에 목욕탕이 없어서 이 동네 저 동네를 기웃거리며 목욕탕을 찾아 이삼십 분을 걸어 다녀야 했고, 궂은 날은 목욕을 포기할 때도 있었다. 이런 불편함 때문에 '우리 동네에도 목욕탕이 하나 생겼으면 좋겠다.'는 말을 되뇌며 오랜 시간을 기다려 왔는데 어느 날 우리 동네에 새 목욕탕이 모습을 드러내 그 소망을 이루게 되었다. 이웃 동네 기존 목욕탕들에 비하면 규모가 작고 시설도 부족하지만 동네 사람들이 이용하기에는 그런대로 손색이 없다. 사업 전망이 불투명함에도 불구하고 목욕탕 문을 열어 준 주인이 감사하고 고맙기 그지없다. 덕분에 수시로 이 목욕탕을 들락거리며 목욕하는 참 재미를 즐기는 단골이 되었다. 손님이 많지 않아 어느 시간대에 들러도 붐비지 않아서 좋다. 명상에 잠기는 것을 좋아하는 사람에게는 명상을 즐기는 공간이 되고, 이웃을 사귀고 정담을 나누는 훈훈한 사랑방이 되기도 한다. 소박한 동네 사람들과 상업성에 때 묻지 않은 주인·친절한 종업원까지 어우러져 가족처럼 오순도순 정을 나누는 공간이다.

그곳에 가면 동네의 큰 어른 한 분을 만난다. 연세가 아흔을 바라보는 노인으로 허리가 굽고 몸놀림이 여의치 못하다. 시력과 청력이 약해서 자주 눈을 찡그리고, 가까이서 하는 대화도 잘 알아듣지 못해 상대방의 얼굴을 물끄러미 쳐다보기만 한다. 사람들을 피해 주로 구석자리에서 목욕을 하는데 세신사의 도움을 받는 일이 없이 오직 자신의 힘으로 몸을 씻는다. 가끔 주위 사람들이 다가가 등이라도 밀어드리려고 청하면 번번이 손사래로 거절한다. 노인의 이런 모습을 볼 때마다 부끄러움으로 얼굴이 붉어졌다. 수년 전 '길랑-바레 증후군-근육 무력증-'이라는 희귀병을 앓고 후유증이 남아있어 노인을 만나기 전까지만 해도 종종 세신사의 도움을 받았기 때문이다. 노인의 의지와 용기는 나를 돌아보게 하는 거울이 되어 힘이 부족하다는 말이 핑계에 지나지 않음을 보여 주었고, 뉘우침까지 주었다. 이는 나아가 후유증을 극복해 가는 과정에서 다른 사람의 힘을 빌리지 않고 내 힘으로 노력하겠다는 대단히 의미 있는 결심을 하게 하였으며 지금까지 그 실천의 동력이 되고 있다. 노인은 목욕을 마치고 나면 언제나 본인이 사용한 자리를 치우고, 탕 안을 한 바퀴 돌아 다른 사람들이 팽개쳐두고 간 쓰레기와 도구들까지 죄다 치우고 정리한 다음 나간다. 처음에는 목욕탕 주인과 가까운 사람이라 여겼으나 얼마쯤 세월이 흐른 뒤 주인과 무관한 손님이라는 사실을 알게 되면서부터 동네의 큰 어른으로 다가와 존경의 대상이 되었다. 다들 자기가 사용한 도구와 쓰레기도 버려두고 가는 세태인데 연약한 몸으로 다른 사람이 버린 것까지 치우고 정리하는 마음속엔 분명 남다른 이웃 사랑이 자리하고 있음이 아니겠는가. 이따금 아이들이 장난을 치고 소란을 피울 때도 아이들의 행동을 넌지시 바라보며 즐기다가 아이들이 어질러 놓은 것들을 손수 고쳐놓으신다. 어른들의 잘못에 대해서도 마찬가지다. 꾸중을 하거나 군담을 쏟아내는 보통 사람들의 방법과는 다르다. 말이 아닌 행동을 보여주는 것이다. 겉으로는 부드러우면서도 어느 누구도 거역할 수 없는 강한 지도력과 덕망을 겸비한 큰 스승임에 틀림없다. 따로 홍보하는 사람은 없지만 한두 번 노인의 선행을 눈치 챈 손님들이 차츰 어른을 존경의 눈초리로 바라보게 되고, 처신에 신경을 쓰게 되니 목욕탕 분위기가 달라지기 시작했다. 눈살을 찌푸리게 하는 행위가 줄어들고, 너도 나도 목욕 뒤처리에 관심을 기울이니 목욕탕도 한결 깨끗해졌다.

어느 날. 마침 그 날은 다른 손님이 없어 노인과 둘이서 목욕을 하게 되어 자연스럽게 대화를 나눌 수 있는 기회를 얻었다. 평소 노인이 베푸는 선행의 동기가 궁금하던 차에 이를 중점적으로 질문을 하며 대화를 나누었다. 처음에는 자신의 습관일 뿐이라며 말을 아끼던 노인은 이어지는 질문 공세에 마지못해 말문을 열었다. 이 목욕탕은 비록 주인이 돈을 들여 개업을 했어도 우리 동네 사람들이 사용하니까 우리 동네 사람들이 실제 주인 이라며 주인의 한 사람으로서 청소하고 정리하는 게 뭐 그렇게 대단한 일이냐는 대답이다. 그렇다. 모든 사물에 주인이 따로 있는 것은 아니다. 순간적으로는 권리를 행사하는 사람이 따로 있을 수 있지만 길게 보면 이 세상을 살아가면서 누구나 잠시 잠깐 빌려 쓰는 것이 아니던가. 이 세상 그 무엇이던 주어진 시간에 이용하는 사람이 곧 주인이고 관리하는 사람이라는 말일 게다. 어른의 말을 되새겨 보면 볼수록 그의 모습이 자꾸 커진다. 주위에서 진정한 어른을 찾아보기 어려운 시대에 이렇게 큰 어른을 옆에서 지켜볼 수 있다는 사실에 깊이 감사한다.

최근 몇 주일 째 노인의 얼굴이 보이지 않는다. 어르신의 빈자리가 허전하고 넓어 보인다. 이사를 가셨는지, 몸이 편치 않으신지 궁금하고 걱정이 앞선다. 앞으로 어르신이 하시던 역할을 물려받아 남은 삶을 보람되고 아름답게 마무리하는 일감으로 삼겠다는 당찬 마음을 먹어본다. 아무 탈 없이 건강하신 모습으로 우리 곁에 다시 돌아오기를 비는 마음이 간절하다.

일등 시어머니

며느리들 입장에서 가장 마음 편한 시어머니를 두고 이르는 말이다. 손수 가꾼 푸성귀나 정성 들여 만든 밑반찬을 자식들 집에 전해주는 과정에서 '직접 집으로 가져다주는 시어머니는 삼등 시어머니요, 포장을 해 두고 가져다 먹으라는 시어머니는 이등, 아파트 경비실이나 골목 슈퍼마켓에 맡겨두는 시어머니는 일등시어머니다.'라는 말이 유행한 적이 있다. 이십 년을 더 묵혀 두었던 이야기다. 당시는 할 일 없는 사람들이 재미삼아 만들어 낸 우스갯소리쯤으로 여겨 부담 없이 들어 넘겼는데, 요즈음 주위를 둘러보면 그때 그 말이 엄연한 현실로 다가와 있다는 사실에 놀란다. 유통산업의 발달에 힘입어 어제 오늘에 이르러서는 택배로 부쳐주는 시어머니가 대부분을 차지하고 있으니 오히려 한 걸음 더 나아간 셈이다. 이 말을 달리 표현하면 시어머니를 비롯한 시댁 식구들의 발길이 자기 집 공간에 머무는 것이

싫다는 말일게다. 자기와 관련 있는 비밀을 감추고 싶어 하는 것은 사람이면 누구나 가지는 예사로운 마음이니 어쩌면 당연한 일인지 모른다. 바로 손위의 시어른이며, 남편을 두고는 애정의 경쟁자이기도한 시어머니에게 자신의 치부를 들어내는 일은 자존심이 허락하지 않을뿐더러 잠간이라도 자기들의 자유를 구속당한다는 생각이 들 수도 있을 것이다. 삶의 지혜가 번쩍이는 좋은 말이라도 본뜻을 벗어나 잔소리로 들리고, 일손을 거들어주고자 하는 시어머니의 온정이 달갑지 않을 수도 있을 것이다. 하지만 경비실에 채소와 반찬 보따리를 맡겨두고, 돌아서는 시어머니들의 허전한 모습은 애처롭기 그지없다. 언제든지 품에 안을 수 있을 것이라 믿었던 아들과 손자들을 새 식구에게 빼앗긴 허탈함이 묻어 나오고, 보릿고개와 함께 호랑이보다 더 무서웠던 시어머니의 횡포에 휘둘리며 한 맺힌 시집살이에 인생의 황금기를 빼앗긴 그녀들의 자화상이 걸린다. 흘러가는 세월 덕분에 시집살이에서 풀려나 그렇게도 부러워하고 소망하던 시어머니의 꿈을 이루었지만 얄밉게도 세상이 바뀌어 종이호랑이가 되어버린 시어머니의 위상 앞에 엎친데 덮친 격으로 며느리의 눈치와 시집살이까지 버티고 있는 현실에 대한 야속함이 호주머니 안에 넣어둔 송곳처럼 삐져나온다. 분신인 손자·손녀를 지척에 두고, 이름 한번 불러보지 못하고, 볼 한번 비벼보지 못한 아쉬움을 마른침에 섞어 삼키면서 발걸음을 옮기는 뒷모습이 앞산 그림자보다 더 큰 여운을 끌고 간다.

산골짜기를 타고 내려온 바람이 매서웠다. 갑자기 왁자지껄한 고함 소리가 웃담 안 골목으로 사람들을 불러 모았다. 앞개울에서 소매 자락에 때 자국이 빤질거리는 핫저고리와 누덕누덕 깁은 핫바지 차림으로 썰매를 타던 우리 또래 꼬마들도 현장으로 달려가 구경하는 어른들 틈으로 고개를 들여 밀었다. 그날도 주인공은 수동 댁 부부였다. 말이 부부 싸움이지 수동 양반의 일방적인 폭행이었다. 머리채를 남편의 손아귀에 앗긴 수동 댁은 이미 의식을 잃은 채 얼굴과 가슴을 수동 양반의 주먹질에 내 맡긴 채 축 늘어져 있었다. 옷고름이 떨어져 나가고, 콧물과 핏물로 범벅이 된 그녀의 얼굴 모습은 눈을 뜨고 볼 수가 없었다. 그러나 어른들은 말로만 말리고 있을 뿐 적극적으로 싸움을 갈라놓지는 못했다. 이 두 사람의 싸움은 한 달이 멀다하고, 동네 사람들의 구경거리가 되어 화제를 남기곤 하였다. 수동 댁은 수동 양반의 두 번째 아내다. 첫 번째 수동 댁도 시어머니의 별난 시집살이를 견디다 못해 월례 행사처럼 가출을 반복하다가 보따리를 싸서 야반에 자취를 감춘 지 오래였다. 두 번째 수동 댁이 된 그녀 역시 고약한 시어머니의 마음을 사지 못하고, 사사 건건 꼬투리가 잡혀 이 날처럼 시어머니 대타로 출전한 남편에게 당하는 신세가 되었다. 이런 싸움은 그 후로도 수십 차례 더 있었고, 끝내 두 번째의 수동 댁도 동네에서 모습을 볼 수 없게 되었다. 큰아들을 생홀아비로 만든 시어머니는 의지할 곳을 찾아 둘째아들 집으로 옮겼으나 착하기로 소문 난 둘째며느리마저 보따리를 싸서 집 드나들기를 밥 먹듯 하는 며느리로 만들었다. 시어머니·아들·며느리 사이의 애정 다툼이 시어머니가 조작하는 대로 얼굴을 바꾸어 가며 시집살이의 빌미가 되었다. 싸움의 원인을 제공하기도 하고, 뒷전에서 기름을 붓고, 부채질하던 시누이의 역할은 혀를 내 두를 정도로 얄밉고 기가 막혔다. 그러나 훗날 그녀 역시 호된 시집살이를 면치 못하였으며, 두 올케와 함께 그녀의 친정어머니 버금가는 무서운 시어머니가 되어 관록을 자랑하였다. 여자가 출가하면 무슨 일이 있어도 시집 귀신이 되어야 한다는 관념 때문에 힘든 시집살이를 참고 견디면서 악순환을 이어왔던 것이다. 같은 여자로 태어나 힘들어하는 며느리의 사정을 누구보다 잘 알고 있을 텐데 지난날 당신이 경험한 시집살이가 훈장이나 되는 것처럼 자랑하며 대물림 해 왔던 것이다. 시어머니와 며느리의 얄궂은 운명은 참으로 질기고 질긴 것이었나 보다.

멀지 않은 이웃에 먼 친척 형님 한 분이 살고 있다. 이 형님 댁은 진작부터 새로운 모델의 가족생활을 실천하고 있어 주위의 귀감이 되고 있다. 1남 4녀 아들딸들이 다 출가하여 보금자리를 따로 마련해 살림을 차렸지만 잠자는 시간을 제외하면 공동생활이나 다름없다. 어린 아이들은 주로 형님 내외가 거두고, 아들·며느리·딸 사위들이 직장 일을 마치면 형님 댁에 모여 생활 정보와 가족애로 식탁을 푸짐하게 한다. 토요일이나 일요일은 공동으로 밑반찬을 만들어 나누기도하며, 언제든지 좋은 것을 손에 넣으면 형님 댁으로 가져와 공동으로 행복을 생산하고, 가족 개개인의 아픔은 공동의 아픔으로 들어 올려 무게를 줄인다. 고부간·시누이·올케 사이에 벽이 생길 여지도 없는 것 같다. 맞벌이 부부의 육아 문제가 해결되고, 밑반찬 부담이 줄고, 경제적인 효용성은 높아지고, 가정 화목까지 돈독해지니 더 이상 바랄게 없는 것 같다. 형님 내외분의 입장에서도 육체적인 헌신과 희생을 감수하여야 하지만 외로움을 덜고, 함께 가꾼 행복의 열매를 수확하는 기쁨이 있으니 얼마나 좋은가.

요즈음 시어머니들이 바라는 일등며느리는 어떤 며느리일까? 유감스럽게도 들어 본바가 없어 궁금하다. 며느리들은 또 이 결과에 대하여 어떤 평가를 내리고 어떻게 받아들일지도 궁금하다. 경제성장 덕분에 보릿고개는 옛이야기가 되었으며 풍요롭고 편리한 세상이 되었다. 가정과 사회생활의 구조가 달라지면서 시어머니와 며느리의 끈질긴 악연을 끊을 수 있는 절호의 기회를 가져다준 것은 천만 다행이다. 모처럼 맞은 호기를 슬기롭게 활용하여 바람직한 시어머니와 며느리의 상이 정립되었으면 좋겠다. 시어머니도 일등이요. 며느리도 일등이 되어 서로가 불만이 없는 …….

선행

산행을 하기 위해 집을 나섰다. 아파트 사이 길을 빠져나와 대로에 이르니 도로 맞은편에서 횡단보도를 바삐 건너오는 아주머니가 눈에 들어온다. 한 손으로 손수레를 밀고 다른 손에는 양동이가 들려 있다. 파란 신호등이 깜빡거리자 마음이 급해진 듯 종종걸음이 빨라지면서 수레가 넘어지고, 싣고 오던 물건들이 길바닥에 쏟아진다. 걸레조각·세숫대야·세제 병들이 길 바닥에 나뒹군다. 생각의 겨를도 없이 내달아 쏟아진 물건들을 주어 담고, 물이 반 쯤 남은 물통을 받아서 목적지까지 가져다주었다. 여인은 지하철 입구에 비치되어 있는 대여용 자전거를 관리하는 사람으로 그 자전거들을 닦으러 가는 길이라 했다. 고맙다는 인사를 뒤로하고, 지하철로 향하는데 지하철 계단을 내려가는 발걸음이 가벼웠다. 출근하는 사람들이 많은 시간대라 설자리도 만만치 않았다. 틈을 비집고 들어가 간신히 손잡이를 잡고 몸을 가누었으나 조금 전의 일이 떠오르며 기분이 좋아졌다. 복잡한 지하철 안에서 흔히 겪는 답답함과 불편함도 그날은 느끼지 못했다. 두 역을 지나 젊은 여인으로부터 자리까지 양보 받아 약속 장소에 즐거운 마음으로 도착할 수 있었다. 오늘 산행은 모처럼 신나고, 기억에 남는 산행이 되었다.

사람들은 살아오면서 알게 모르게 선행을 베풀기도 하고, 도움을 받기도 한다. 오늘 일처럼 돌발적인 상황에서 어쩔 수 없이 행하는 경우도 있고, 특정인이나 특정 단체를 대상으로 어떤 의도에 따라 행해지는 적극적인 선행도 있다. 그날 있었던 일은 나로 하여금 삶을 돌아보게 하고, 성찰하는 중요한 계기가 되었다. 부끄럽게도 나는 적극적인 선을 행한 일이 없었다. 매일 아파트 둘레 산책로와 자전거 전용도로에서 하루의 일과를 운동으로 시작한다. 십리쯤 되는 거리다. 한 바퀴는 걷고, 한 바퀴는 자전거로 달리면 대략 한 시간 정도가 소요되는데 하루의 운동량으로 적당하다는 판단을 하고, 오래전부터 실천해오고 있다. 산책을 나서면 신선한 공기가 다가와 가슴을 부풀리며 반기는데 상쾌한 기분을 채 즐기기도 전에 눈살을 찌푸리게 하는 물건들을 만나게 된다. 바로 대여용 자전거와 새로 등장한 킥보드라는 탈 것이다. 젊은이들에게 폭발적인 인기를 누리며 교통의 한 수단으로 자리를 굳히고, 개체수를 늘려가고 있다. 그럼에도 불구하고 이들이 서 있을 곳에 단정히 서있지 못하고 길 한가운데 넘어져 있거나 길을 가로막고 있어 사람과 자전거 통행에 불편을 주고 있지만 사회적 관심을 끌지 못하고, 단속의 손길도 미치지 않는다.

그날 산행 후 이 버려진 자전거와 킥보드를 만나면 좋은 자리를 찾아 바로세우는 일이 나의 선행 과제로 선정되었고, 나에게는 반갑고, 의미 있는 소일거리가 되어 지금까지 기쁨을 선사해 주고 있다. 이 일을 시작하고부터 부쩍 내 자신이 성숙해 짐을 느끼며 마음의 여유도 갖게 되었다. 나이 들어 늙어가는 몸이지만 공밥을 먹지 않는다는 자부심과 나의 조그마한 노력이 여러 사람들에게 도움을 주고 있다는 사실이 나를 기쁘게 한다. 장담할 순 없지만 건강이 허락하는 한 이 일을 멈추지 않을 각오다. 다른 사람들의 불편을 아랑곳 하지 않고 무책임하게 이들을 방기한 채 현장을 떠난 주인공들이 야속하기도 하고, 이런 현상을 받아들여야 하는 현실이 서글플 때도 있지만 이들의 비행은 논외로 하고, 나의 적은 노력으로 편안함을 얻는 다수의 사람들이 있다는 사실과 이 일 때문에 얻어지는 나 자신의 만족감에 초점을 맞추니 마음이 편하다. 처음 시작했을 때는 일거리가 매일 십 여건을 넘었었는데 요즘은 서너 건 정도로 줄어들어 기쁨을 더해 주고 있다.

지난 월요일 아침이었다. 장마 끝에 모처럼 맑은 하늘을 볼 수 있어 출발부터 기분이 좋았다. 그 날은 어쩐 일인지 눈에 거슬리게 세워 둔 탈 것들이 발견 되지 않아서 의아한 생각이 들었다. 내가 이 일을 시작한 이후 한 번도 일거리가 없어 공치는 날이 없었기 때문에 집이 가까워질수록 기록을 한 번 깰 수도 있겠구나하는 호기심으로 가슴이 부풀었다. 아파트 출입문까지 불과 200여m 지점에서 모퉁이를 돌고 보니 자전거 한 대가 길 한복판에 점잖게 누어있지 않는가. 꿈을 이루지 못한 아쉬움을 채 수습할 겨를도 없이 맞은편에서 자전거를 타고 오는 어르신 한 분과 내가 누어있는 자전거를 사이에 두고 동시에 멈춰 섰다. 그 어르신이 먼저 자전거에서 내려 넘어져 있는 자전거를 길 한쪽으로 치웠다. 아니 내가 양보한 셈이다. 귀한 동지를 만난 셈이다. 서로 고맙다는 인사말을 수 없이 나누었다. 아침 마다 먼발치서 나의 행동을 유심히 보고 있다는 말도 덧붙였다. 나비 효과라는 말이 있다. 나비 한 마리의 가냘픈 날개 짓이 예상치 못한 큰 결과를 가져 올 수 있다는 말이다. 숨어서 하는 작은 선행이지만 시간이 지나면서 사회를 밝히는 등불이 될 수도 있다는 말이다. 그날 그 순간의 기쁨도 오래 오래 간직 될 것 같다.

집을 나서면 녹색조끼를 입은 미화원과 공공근로요원들을 많이 만난다. 삼삼오오 짝을 지어 쓰레기를 줍거나 풀을 뽑고 있는 모습이 보기 좋다. 이들이 한 번 지나가면 길거리 주변이 말끔히 정리 된다. 참 고마운 일이다. 이런 제도를 시행하고 있는 우리나라는 참 좋은 나라아닌가? 그러나 매일 반복하는 이들의 노력에도 불구하고, 밤을 새고 나면 언제 그랬느냐는 듯 쓰레기가 다시 넘쳐나는 이유를 생각해 본다. 분명 버리는 사람이 있기 때문이다. 이들이 일부 사람들이라고는 하지만 우리시민 전체의 명예를 떨어뜨리고 나라의 품위까지 훼손하는 주범임에 틀림없다. 줍는 사람과 버리는 사람이 따로 있는 나라. 이게 우리나라의 불편한 현실이다. 주위를 관심 있게 살펴보면 함부로 버리는 사람이 많다. 젊은이들·어른들·심지어 어린학생들까지 다양하다. 심각한 것은 이런 비행을 저지르면서도 거리낌이나 주위의 시선을 아랑곳하지 않고, 행동이 점점 대담해진다는 사실이다. 우리또래가 만나는 모임에 나가면 젊은이들을 성토하는 말을 많이 듣는다. 나이 먹은 세대들은 대부분 젊은 세대들에 대해 부정적인 생각을 가지고 못마땅해 하고 있는 것 같다. 비행 이면에는 대개 젊은이들이 있다고 의심하는 눈치다. 물론 젊은 사람들은 젊은 사람들대로 나이 많은 사람들에게 불만이 많을 것이다. 양쪽 모두의 의견이 검증된 사실이 아닐진대 서로 의심과 오해를 불식하고, 상대방의 충고를 겸허히 수용하여 스스로 고칠 점을 찾아 고치며 공공선을 향해 힘을 모아야할 것이다. 최근 공공선을 이루기 위한 우리의 노력이 느슨해진 것은 사실이다. 밥상머리 교육이 사라지고, 이웃 어른들의 훈계도 설자리를 잃었다. 학교교육이 신뢰를 잃었고, 언론 방송도 기대하기 어려워졌다. 난국을 해결하려면 교육에서 그 답을 찾을 수밖에 없다. 각각의 교육 주체들이 기능을 회복하고, 위기가 기회라는 역사적 사실을 교훈으로 삼아 국가적 차원에서 느슨해진 고삐를 조이고 국민적 힘을 모아야 할 것이다.

초등학교 동창회

해마다 초등학교 동창회가 열리는 날은 동심의 나라로 여행을 떠나는 날이다. 풍선처럼 부푼 가슴을 안고 휴게소에 들르는 시간을 아껴가며 고향 길을 재촉하지만 저만치 앞질러 내닫는 마음을 따라잡을 수가 없다. 달리는 차 안에서 주고받는 손전화로 회원들의 동선이 시시각각 중계되면서 동창회 분위기는 무르익는다. 보통 두세 시간의 여유를 두고 출발하지만 약속장소에 도착해 보면 늘 성원을 이루고 난 뒤다. 낯익은 얼굴들이 환호하며 우리 일행을 반긴다. 이미 초로기를 지나 노쇠기에 접어든 노인네들이다. 투박한 사투리와 욕설을 뒤섞으면서 한순간에 초등학교 아이들이 되어버린다. 교문을 나선지 50여년. 반평생을 훌쩍 뛰어넘는 세월이다. 살아온 역정이 서로 다르지만 얼굴에 덧씌워진 삶의 흔적에 공통점이 많아서 좋다. 특별히 높은 지위에 올랐거나 크게 재산을 모은 친구도 없다. 나름대로 현실에 만족하며 바르게 살아왔노라 자부하는 보통의 사람들이다. 어린 시절 해방 직후 6·25라는 난세를 만나 가난의 틈바구니에서 길러낸 인내심과 정신력이 거친 세파를 헤쳐 나오는 지팡이가 되었고, 순후한 고을의 미풍양속과 선생님들의 훌륭한 가르침이 둥글고 올곧은 성품의 바탕이 되었기 때문이라 여겨진다. 오랫동안 경향 각처에 흩어져 살아오면서도 '촌놈'이라는 꼬리표를 떼어 버리지 못한 어수룩함 때문에 더욱 정겨운 사람들이다.

참석하는 회원들이 하나 둘 늘어날 때마다 분위기가 달아오르고, 겉모습에 어울리지 않게 발가벗은 말과 행동들이 일행을 동심으로 밀어 넣는다. 남학생과 여학생 사이의 벽이 허물진 것이 다를 뿐 초등학교 시절 그대로다. 주위의 경관이나 주인마님의 정갈스러운 음식 솜씨 따위는 관심 밖이다. 이리 저리 추억의 조각들을 맞춰보고. 서로들 걸어온 길을 확인하며 아들·손자 자랑에 빠져 정신이 없다. 재탕·삼탕·수십 번을 우려먹은 단골 메뉴들이지만 들을 때마다 즐겁고 신이 난다. 매번 이럴 때는 입심 좋은 친구가 나타나 일행을 노래방으로 이끌기 마련이다. 특별히 돈 들여 배운 노래도 아니고 즉흥적인 막춤이지만 레퍼토리가 다양하고 솜씨가 수준급들이다. 지칠 줄 모르는 정열과 넘쳐나는 힘을 보면 손자 손녀들이 '할아버지' '할머니'라 부르는 호칭이 어울리지 않는다. 자정을 넘기고 여명이 밝아 오고서야 겨우 잠자리에 들지만 대화는 그칠 줄을 모른다.

이렇게 하룻밤을 새운 일행은 아침을 해장국으로 때우고 모교 운동장으로 이동한다. 모교 총동창회에 참석하기 위함이다. 모교라고는 하나 아이들의 발길이 끊긴지 오래다. 취학아동의 감소로 인해 80여년의 전통을 역사의 뒤안길에 묻고, 배움터로서의 막중한 역할을 마감하였기 때문이다. 오랫동안 방치된 학교의 황량한 모습을 대하니 학교를 지켜내지 못한 자괴감과 함께 만감이 교차하는데 눈길 닿는 곳 마다 학창시절의 추억들이 되살아나와 소매 자락을 부여잡는다. 6·25전쟁 중 빨치산의 만행에 의해 교실이 불타면서 나무 그늘과 마을회관·문중의 제실·창고 등을 전전하며 겪었던 피난학교 생활이 떠오르고, 학교를 다시 지을 때 부형들과 더불어 운동장을 고르고, 꽃밭을 일구느라 땀 흘렸던 기억도 생생하다. 한때 이곳에서 후배들을 가르치던 추억들까지 꼬리를 물며 심사를 어지럽힌다. 그때만 해도 선생님들은 학생·학부모들로부터 존경을 받았다. 자녀교육에 관한 것은 모두 선생님들한테 맡겼고, 선생님들을 믿고 따랐다. 종종 체벌을 하는 일이 있었지만 그것이 문제가 되는 일은 없었다. 오히려 학부모가 체벌을 요구하는 경우도 있었다. 친구들의 대화에 자주 등장하면서 존경의 대상이 되는 선생님들은 거의 '호랑이선생님'이라는 별명을 가지고 있었다. 체벌은 선생님의 제자에 대한 사랑이요, 사명감에서 비롯되는 것으로 당연시되었다. 가정에 돌아가면 부모님들이 훌륭한 선생님이 되어 위인들의 행적이나 고사를 들려주고, 나쁜 버릇을 들춰내 고치게 하였으며 좋은 본을 보이려고 노력하였고, 골목 밖에 나가면 어른들이 모두 스승이 되어 아이들을 계도하였다. 이웃 마을 친구 집에 놀러 가면 어른들이 어느 동네 사는 누구의 아들인지 확인하면서 은근히 나쁜 행동을 하지 못하도록 예방하였고, 바르지 못한 행동을 보면 가차 없이 나무랐고, 반성과 개선의 의지가 보이지 않을 때는 이를 공론화 하여 공동으로 지도하였다. 이러한 가운데 도덕심이 길러지고, 더불어 살아가는 지혜를 터득할 수 있었던 것이다. 이처럼 가정과 학교와 사회가 한마음이 되어 교육에 대한 일정한 역할을 수행하였었는데 산업화·민주화 시대를 거쳐 오면서 점차 가정과 사회의 역할이 줄어들고, 학교에서도 인성보다 지식을 중시하면서 여러 가지 문제를 노정시켜 온 듯하다. 최근에는 학생들의 자율과 인권을 지나치게 존중하려는 경향이 생겨나 상대적으로 선생님들의 교권이 훼손되고, 이에 따른 부작용이 만만치 않다는 우려스러운 말들이 새어나온다. '자율과 인권' 모두 존중되어야 할 가치임에 틀림없지만 정도가 지나치면 얻는 것보다 더 큰 것을 잃을 수 도 있다는 생각이 든다. 교육의 현장에는 자율과 인권만으로 해결되지 않는 문제들이 분명히 존재하기 때문이다. 요즈음 젊은이들은 매우 진취적이고, 합리적이다. 그러나 한편으로는 이기적이고, 끈기가 부족하다는 비판을 제기하는 사람들이 많다. 기성세대가 이룩한 경제적 풍요와 정치적, 사회적 안정을 누리면서도 기성세대에 대한 불만이 큰 것도 사실이다. 미래에 대한 불확실성과 기성세대 일부 지도자들의 일탈행위가 그 원인일 수도 있고, 가난이나 전쟁 같은 어려움을 체험해보지 못한 당사자들에게 이를 받아들이도록 강요하는 분위기가 원인일 수도 있지만 주된 원인은 가정-학교-사회로 이어지는 교육의 시스템이 제 구실을 다하지 못하기 때문이라는 생각을 해본다.

무박 2일. 아쉬운 만남을 뒤로하고 돌아오는 차안에서도 동창회는 계속된다. 열악한 환경 속에서도 그나마 바른 교육을 받은 덕분에 성공적인 삶을 살았다는 친구들의 공통된 인식과 최근 언론에 보도되고 있는 교육현장의 비리와 문제점들에 대한 친구들의 성토에 가까운 대화를 경청하면서 평생을 교육현장에 몸담아 온 사람으로서 일말의 책임을 느끼고, 부끄러움을 감출 수가 없다.

호롱불

재래시장이나 백화점에 가서 산더미처럼 진열되어있는 물건들을 보면 우리가 참으로 풍족한 세상에 살고 있구나 하는 것을 실감하게 된다. 일상생활에 필요한 온갖 상품들이 세련되고 예쁜 모습으로 새 주인을 기다리고 있다. 쳐다만 봐도 배가 부르고, 마음이 푸근해진다. 추억 속 아련한 보릿고개 시절을 생각하면 격세지감을 느낀다. 아끼고 절약하는 일을 미덕으로 여기며 서로 권장하고, 실천하던 시절이 엊그제인데 지금은 오히려 소비를 장려하는 새로운 시대로 변했다. 나라가 부강해지면 백성들이 모두 행복해진다는 진리가 입증된 셈이다. 허리띠 졸라매고 나라를 가난에서 구해내 세계무대에 경제대국으로 우뚝 세운 지도자와 산업역군들. 그리고 직간접으로 힘을 보탠 모든 국민께 입이 닳도록 찬사를 보내고, 또 보내고, 자손만대 그 공을 기려도 부족할 것이다. 우리민족의 위대한 힘을 세계만방에 알리고, 역사에 길이 빛날 금자탑을 세우는데 일조한 국민의 한 사람으로서 뿌듯한 자부심과 긍지를 느끼며 감사드린다.

호롱불은 사람을 매혹시키는 매력이 있다. 태양이 밤사이 잠시 휴식을 취하는 동안 심지를 태우는 희생을 마다하지 않고 칠흑의 밤을 밝힌다. 사람들의 일상생활에 지장이 없도록 도와주는 의미 있는 큰일을 하면서도 생색을 내거나 불평불만 한 마디 없다. 언제나 온화하고, 정겨움으로 사람을 끌어당겨 품어 안는다. 따뜻한 미소가 있고, 낭만적인 멋을 간직하고 있다. 호롱불 아래 두레상을 놓으면 책상이 된다. 동생과 내가 숙제를 하고 있는 동안 아버지가 언제 오셨는지 방 한 켠에 자리를 잡고 새끼를 꼬신다. 불빛이 채 미치지 못해 어둑어둑한 어둠이지만 한석봉 어머니가 썬 떡처럼 아버지 뒤쪽에 가늘고 매끈한 새끼가 수북이 쌓인다. 설거지를 마친 어머니가 반짇고리를 들고 합류하면 가물거리는 등잔불을 가운데 두고 온 가족이 둘러앉는다. 하는 일은 각자 다르지만 마음을 관통하는 기운은 하나다. 호롱불은 이처럼 가족을 일체감으로 묶어주는 재주도 있다. 우리가 공부에 싫증을 내고, 자세가 흐트러지면 아버지는 구수한 중국의 고사나 사자성어를 들려주며 분위기를 바꾸어 주시곤 했다. 우리가 공부를 마치고. 잠자리에 들면 아버지는 가마니틀이 있는 방으로 옮겨 가마니를 짜고, 어머니는 베틀이 놓인 방으로 이동하여 베를 짠다. 달그락 탁, 달그락 탁. 가마니 짜고 베 짜는 소리를 자장가로 들으며 꿈나라로 향한다. 우리는 두 분이 언제 주무시고 언제 일어나는지 잘 모른다. 아침에 눈비비고 일어나면 아버지가 밤새 짠 새 가마니가 섬돌에 선을 보이고, 어머니가 짠 베는 베틀에서 잘려 나와 상추밭에 널린다. 호롱불에 대한 이야기 가운데는 달갑지 않은 이야기도 있다. 어느 날 등잔불에 불을 붙이고 난 뒤 성냥개비에 붙었던 불똥이 잘못 튀어 어머니가 공들여 타다놓은 솜뭉치에 불이 붙어 상당 양을 태웠다. 목화를 심어 가꾸고 수확하여 방앗간에 가서 어렵게 솜으로 타와 베도 짜고, 이불솜도 넣고 식구들 겨울옷을 만든다는 희망으로 들떠 있는 어머니가 화가 잔뜩 난 것은 당연하다. 그날 밤 나는 집에서 쫓겨나 큰 곤욕을 치렀다. 집에서 쫓겨나니 친구한테도 친척집에도 발걸음을 옮길만한 처지가 못 되었다. 내가 고의로 그렇게 하지 않았다는 사실을 어머니도 알고 있었겠지만 사안이 사안인 만큼 주의가 소홀했던 나의 불찰은 쉽게 용서 받을 일이 아님을 나도 미루어 짐작하고 있었던 것이다.

중 고등학교 다닐 때는 읍내에 방을 얻어 자취를 했다. 초등학교 시절에 비해 학습량도 많아지고, 공부 욕심도 생겨서 호롱불과 더 친해졌다. 때로는 호롱불 하나로 부족하여 두 개를 한꺼번에 켜기도 하는 데 자고 일어나면 양쪽 콧구멍에 그을음이 시꺼멓게 칠해져 있어 서로 쳐다보며 낄낄거리기도 했다. 당시 읍 소재지에 전기가 없었던 건 아니다. 전력사정이 워낙 열악하고 공급량이 부족하여 일부 가정만 전기를 쓸 수 있었고, 대부분의 가정은 혜택을 보지 못했던 것으로 기억된다. 그나마도 이용을 제한하여 자정이 되면 공급을 차단하는 일반전기와 하루 종일 이용이 가능한 특선으로 구분하여 특선은 상당히 비싼 요금을 부담해야 했던 서글픈 과거가 있었다. 고등학교 졸업 무렵 전기사정이 나아져 모든 가정에 일반화 되었으나 이는 읍지구의 이야기이고, 시골 동네는 사오 년을 더 호롱불과 동거하였으나 크게 불편함을 느끼지는 않았다.

취미생활로 시작한 색소폰 공부를 위해 매일 학원을 오간다. 드나들 때마다 필요 없이 켜져 있는 불을 발견하고 본능적으로 스위치를 끄지만 집에 돌아갈 때 보면 불은 다시 켜져 있다. 상가 대부분의 점포가 미분양 상태로 아직 비어 있고 내가 드나드는 그 시간대에 영업을 하는 점포가 적을 뿐 아니라 이용자도 많지 않은데 계단실·화장실·복도 공간을 대낮처럼 밝혀 놓고 소중한 에너지를 낭비하고 있다. 상가 관리소에서도 별 관심이 없어 보인다. 당분간 습관적으로 불을 켜는 사람과 불을 끄는 사람의 작은 전쟁은 계속될 것으로 보인다. 한 상가 건물에 국한된 작은 일이라 치부하고 그냥 넘어 갈 수도 있겠으나 나라 전체를 생각하면 매우 심각한 상황이라 여겨진다. 공장에서 생산된 상품의 소비를 권장하는 일과 부족한 에너지를 절약하는 것은 차원이 다르다. 전기요금 인상안을 놓고, 나라와 관련 단체 간의 갈등과 줄다리기가 심각하게 전개되고 있는 이 마당에 온 국민의 지혜를 모아 국가적 난제를 해결해나가야 하겠지만 이에 앞서 국민 한 사람 한 사람이 에너지 절약의 중요성을 인식하고 실천해나가는 노력을 집중했으면 좋겠다. 책임과 의무가 수반되지 않는 자유와 권리는 이미 자유도 아니고, 권리도 아니다.

온정으로 피운 꽃

수철이라는 제자로부터 전화를 받았다. 평상시 전화로 안부를 가끔 나누는 사이다. 수철이와 인연을 맺은 79년은 우리에게 특별한 한 해였다. 새 학년 새 학기가 되면 학생·학부들은 희망과 기대로 마음이 설레고, 부푼다. 선생님들도 마찬가지다. 그러나 수철이나 수철이네 가족들은 그럴 마음의 여유가 없었다. 당시 2학년 수철이는 심장판막미발달증이라는 중한 질병을 앓고 있었다. 심장이 피를 원활히 공급해 주지 못해 얼굴이 창백하고, 입술·손톱·발톱부위가 진한 가지색을 띠고 있었다. 숨이 차고 움직이기 힘들어 1학년 때부터 담임 선생님과 어머니가 자전거로 등하교를 돕고 있었다. 성장도 다른 아이들에 비해 늦었다. 요즈음엔 흔히 볼 수 있는 병이지만 수철이의 병을 처음 진단한 서울대학병원에서 조차 수술이 불가능하다는 판정을 받았기 때문에 국내는 더 가볼 곳이 없었다. 미국과 일본서는 수술이 가능하다고 하나 아버지의 박봉으로 할아버지까지 봉양해야 되는 형편에 수술비를 감당하기 쉽지 않아서 기적이나 요행에 실낱같은 희망을 기대하며 하루하루 시한부 삶을 지켜만 보고 있는 형편이다. 자신의 병이 위중하다는 사실도 모르는 아이한테 아무것도 해줄 수 없는 현실이 부모에게는 가혹한 시련이었다. 본교 교직원과 어린이들은 대부분 이런 수철이의 딱한 사정을 알고 있다. 2학년에 올라오면서 수철 어머니가 교감 교장선생님께 부탁하여 나를 담임으로 지목했던 것 같다. 내가 자전거를 가지고 있었고, 수철이의 사정을 잘 알았기 때문이다.

새로 편성된 학급 아이들에게 수철이의 딱한 사정을 소상히 알려 도움을 청했다. 체육 시간엔 친구들의 활동을 참관하면서 그림을 그리게 했고, 등하교를 돕는 등 배려에 신경을 썼으나 딱히 근본적인 도움은 못되었다. 다행히 학업성적이 우수하며 언행이 바르고, 교우관계가 원활하여 학급지도위원으로 뽑혔다. 그림을 잘 그려 미술가가 되겠다는 꿈도 가지고 있었다. 그럭저럭 4월이 저물어 갈 무렵 '어른들에게 바란다.' 라는 어린이날 특집기사 취재차 경남신문사 기자들이 본교를 방문하였다. 전교 어린이회 대표 어린이들과 취재를 마치고 돌아가는 기자들을 운동장까지 따라가 수철이의 딱한 사정을 자세히 설명하고 도울 수 있는 길이 있는지 알아봐 달라고 부탁했다. 다음날 기자들이 다시 찾아와 어제 취재했던 '어른들에게 바란다.' 라는 기사 대신에 '수철이 돕기 캠페인'으로 특집을 대체하겠다며 수철이의 병력과 가정환경·일상생활·향후 전망 등을 자세하게 취재하여 돌아갔다. 어린이날 경남매일 1면 8단 TOP기사로 '이 시한부 생명 구할 길 없나?' 라는 제하題下의 수철이의 애절한 사연과 함께 투병생활과 성장과정·학교생활을 자세히 소개하고 미국에 가서 수술을 받고 건강한 모습으로 돌아 올 수 있도록 수철군 돕기 운동에 동참하자는 호소문을 게재하고, 동일자 사설에서도 같은 내용을 다루었다.

드디어 기적이 시작되었다. 5월 7일부터 경남 신문사에 성금이 접수되기 시작했다. 초·중·고 학생들을 중심으로 각계각층에서 일어난 온정의 물결이 그날그날 본지 사회면을 장식해 나갔다. 순식간에 전국 관공서·기업체·사회단체에까지 확산되어갔다. 십시일반이라는 우리 속담이 있다. 사회가 메마르다고 말을 많이 하지만 밑바닥에 흐르는 온정은 살아 숨 쉬고 있었다. 그 힘은 대단했다. 본교에서도 교직원과 학생들도 성금 모금에 동참하여 많은 금액을 기탁하였다. 성금이 답지되자 일거리가 많아졌다. 매일 신문 기사를 스크랩하고, 기탁자를 파악하여 감사의 편지를 발송했다. 관심 있는 독자들의 전화를 받는 일도 내 몫이고, 교육청에 중요 상황을 보고하는 일도 내 몫이었다. 수술 받을 수 있는 외국 병원을 물색하고, 수술을 주선해줄 영향력 있는 인사로 당시 우리 지역구 출신 박종규 국회의원을 마음에 두고, 직접 나서달라는 호소문을 전교생 이름으로 발송하였다, 경남일보 측에서도 이 호소문을 신문에 실었다. 어린이들의 간곡한 호소문에 감동된 박 의원으로부터 승낙의 답변을 받으면서 수술 절차가 급물살을 타게 되었다. 모금을 시작하여 약 3개월 만에 넉넉하지는 않지만 수술비로 지불할 수 있는 금액이 마련되어 가족에게 전달되었다. 시한부 생명을 구하자는 사설과 명망가들의 칼럼은 계속 이어졌고, 박 의원이 미국과 일본을 수차례 드나들며 인맥을 동원해 애쓴 보람이 결실을 맺어 드디어 동경여자의과대학 부속병원 심장혈압연구소에서 수술을 받게 되었다. 일본체류기간에는 박 의원의 주선으로 일본 선박진흥회장 사사가와씨와 주일본 대사관이 나서 수철가족을 돌보아 주었다. 사사가와 회장은 박 의원과 막역한 사이로 동경여자의과대학에 다리를 놓아준 장본인이다. 수술은 1차 심장판막증수술. 2차 폐동맥선 수술로 나뉘어 진행되었다. 다까오 박사를 팀장으로 하는 6명의 세계적인 심장전문의들의 집도로 7시간에 걸친 대수술을 받고 새 생명으로 다시 태어났다. 수철이의 가족이 유일하게 기대 했던 실낱같은 그 기적과 요행이 현실로 나타난 것이다. 연약한 몸으로 수술을 견뎌

낸 수철이도 대견스러웠다. 출국한지 40일 만에 귀국하여 우리 곁으로 돌아왔다. 수철에게 접두사처럼 따라다니던 시한부라는 말을 떼어 버리고, 학교를 처음 찾은 날 내손을 부여잡고 "선생님 은혜는 죽을 때까지 갚아도 못 갚을 끼라예."라며 울먹이던 수철 엄마의 모습이 생생하다. 후유증 없이 경과가 순조로워 일상생활에 잘 적응해 가고 있다. 부모의 애타는 소망·요원의 불길처럼 타오른 온정의 물결·세계적인 일본의 의료진·경남 매일 신문사·박 의원을 비롯한 후원자들이 함께 이룬 쾌거다. 모든 기탁자들에게 교장선생님 이름으로 수술 결과와 함께 감사의 편지를 보내고, 경남신문사 김부현 사장·박종규 의원·사사가와 회장·동경여자의과대학 다까오 박사님께 감사패를 만들어 보내며 감사의 뜻을 전했다. 수철이는 건장한 몸으로 창원 ㅊ대학교 건축과를 졸업하고, 동대학교 대학원을 수료하여 현재 건축사무실을 운영하면서 결혼하여 딸도 낳고 홀로되신 아버지를 모시며 단란한 가정을 꾸리고 있다. 어릴 때부터 수철이를 지켜보며 애를 태운 어머니가 수철이의 성장과 성공을 채 보지 못하고 요절하여 마음이 아프다.

스러져가는 한 생명을 온정의 물결이 다시 태어나게 했다. '측은지심.'다른 사람의 불행을 가엾고 불쌍히 여기는 마음으로 일찍이 중국의 성현 맹자가 주장한 네 가지 사람의 본성 중 첫 번째 마음이다. 사람은 태어날 때부터 이 측은지심을 다 가지고 있지만 생존경쟁이 치열한 삶의 현장에서는 제대로 작동되는 일이 드물다. 이번 수철이 사례를 보면서 우리사회의 밑바닥을 흐르는 거대한 온정의 샘을 확인하였다. 수철이의 건강과 앞날의 행복을 빌며 아울러 도움을 주신 모든 분께 담임으로서 감사의 말씀을 드린다.

호국보훈의 달

호국 보훈의 달이다. 나라와 겨레를 위해 몸 바친 호국 선열들의 영전에 머리 숙여 명복을 빈다. 지금 우리가 누리는 자유와 부富는 이들의 숭고한 희생이 가져다 준 마음 아픈 결과물이다. 하늘에서 우연히 굴러 떨어진 선물이 아니다. 호국 영웅들이 흘린 땀과 고통과 피의 대가로 얼룩진 가슴 아픈 사연들이 아직도 아물지 않은 상처로 남아 진행 중이다. 유가족들과 자손들에게도 심심한 위로의 말씀과 함께 영광과 행복이 함께 하기를 기도드린다. 아울러 불행한 참상이 다시 재발되지 않도록 국민이 일치단결하여 북괴를 비롯해서 어느 나라도 넘볼 수 없는 튼튼한 국방력과 안보역량을 기르고, 투철한 애국정신을 가진 국민으로 거듭나야 하겠다.

6월에는 현충일과 6.25전쟁이 시작된 날이 나란히 들어 있다. 이들은 모두 호국보훈과 직접 관계있는 국가차원의 주요 기념일이기 때문에 6월을 호국 보훈의 달로 지정한 것이 아니겠는가? 이 두 기념일을 중심으로 호국보훈에 대한 국민의 관심을 일깨워 호국 영웅들의 희생정신과 넋을 기리고, 이들의 헌신에 대하여 마땅히 가져야할 마음과 태도를 가다듬어야 할 것이며 겨레와 나라를 위해서 내가 할 수 있는 일이 무엇인지 어떻게 해야 되는지 깊이 성찰하고 다짐하는 계기가 되어야 마땅하다. 그러나 현실은 그렇지 못한 것 같다. 지난 현충일 출근길에 아파트 단지 내 태극기 게양 상황을 살펴보았다. 아침 7시 무렵 집을 나서서 아파트 사이로 걸어서 목적지까지 걸린 시간 약 40분. 그때까지 태극기를 게양한 집은 우리 집 단 한 집. 10시경 일을 마치고 집으로 되돌아오면서 다시 확인해 보니 그동안 세집이 늘었다. 물론 가가호호 집을 방문하여 정확하게 조사한 결과는 아니지만 참담한 현실 앞에 말문이 막혔다. 요즈음 젊은이들 사이에 개인주의와 이기주의가 확산되어 가고 있다는 이야기를 많이 듣고 살지만 사태가 이렇게 심각할 줄은 몰랐다. 태극기 게양상황이 이렇게 저조한 것은 비단 젊은이들만의 탓이라고 단정할 수는 없을 것 같다. 어르신들의 게양 실적도 젊은이들과 별반 다르지 않은 것으로 판단되었기 때문이다. 어른들의 성향이 젊은이들의 성향을 닮아가는 것일까? 지금까지는 그래도 어르신들이 중심을 잡아 주었는데 걱정이 앞선다.

태극기를 게양하지 않았다고 애국하는 마음까지 없는 것은 아닐 것이라 믿고 싶다. 나라에서 공휴일로 지정하여 국가적 차원에서 보훈 행사를 하는 마당에 국민들도 능동적으로 참여해야할 의무가 있다고 본다. 그렇게 해야만 호국영령과 유가족에 대한 최소한의 도리를 하는 것이며 국민이 갖추어야할 예를 갖추는 일이 아니겠는가? 임시공휴일을 나들이나 휴식시간으로 건전하게 활용하는 일이야 권장할 사항이지만 행사일의 의미나 취지는 관심 밖으로 밀어내고, 마땅히 해야 할 일도 하지 않는 행위는 일반국민들과 더불어 살기를 포기하는 일이라 여겨진다. 국민으로서 국가에 대한 의무와 마땅한 권리가 균형을 이루어야 궁극적으로 개인에게도 이익이 되고, 나라도 발전한다는 평범한 진리를 망각한 처사는 깊이 반성해야할 일이다. 이는 현충일에만 국한되는 것은 아니다. 국경일을 비롯해서 공휴일 또는 임시공휴일로 지정된 날들은 모두 마찬가지다. 행사의 취지에 맞게 그날의 의미를 되새기고, 각자 해야 할 일을 먼저 우선하는 것이 도리일 것이다. 다수의 국민들이 최소한의 의무마저 인식하지 못하고, 일탈행동을 고집한다면 이런 공휴일은 아무런 의미가 없다. 오히려 호국영령이나 유가족들을 욕보이는 결과를 불러올 것이다. 이쯤해서 공휴일 지정을 폐지하는 방안을 포함해서 특단의 조치를 검토할 시점이 되었다는 생각이 절실하다. 이처럼 문제가 심각해진 것은 학교나 언론에게도 막중한 책임이 있다고 본다. 누구를 위한 학교이며 무엇을 위한 언론인가? 정신 똑바로 차리고 거듭나야한다. 옛날에는 그래도 행사 일을 전후해서 학교에서는 계기교육을 실시했고, 언론사에서는 관련 특집을 마련하여 역사적 사실을 상기시키고, 국기 게양이나 국민들의 마음가짐에 대한 계도를 열심히 하였었는데 요즈음은 그런 것들을 보기 힘들다. 아파트 관리소에서도 단지 내 방송을 통하여 직접 주민들에게 안내하고 계도에 앞장서기를 기대한다.

내가 초등학교 다닐 때는 국경일이나 주요 기념일이 되면 국가가 주관하는 기념식과 별도로 관공서나 기관에서도 엄숙하게 기념식을 거행하였다. 학교도 마찬가지다. 식 끝부분은 반드시 해당 행사일의 노래제창으로 마무리를 하는데 당시 시골학교에서 보유하고 있는 풍금이 부족해서 선생님들이 노래를 지도하는데 어려움이 많았던 것 같다. 궁여지책으로 전교생이 함께 운동장이나 나무 그늘에 모여 보통 2-3일씩 반복 연습해서 어렵게 노래를 배운 기억이 되살아난다. 잘 틀리는 부분과 자주 지적받았던 사람들 얼굴까지 생생하다. 그때 배운 노래들은 가사와 곡을 모두 정확하게 알고 있지만 지금은 기념식에 참석할 기회마저 없으니 안타까울 따름이다. 고작 기념식을 중계하는 TV화면을 시청하면서 식가式歌가 제창될 때 따라 흥얼거려보는 것으로 마음을 달랜다. 다행히 색소폰 공부를 하면서 리듬과 멜로디를 따라 연주흉내를 내기 시작하면서부터 매일 그달에 들어 있는 행사일의 노래를 필수 지정곡으로 정하여 먼저 연주한 다음 색소폰 연습을 시작한다. 의식노래를 연주하다보면 행사일의 역사적 사실과 관련 인사들의 숨은 희생과 노고를 알 수 있고, 애국에 대한 신념이 굳어지고, 애국에 대한 자세가 가다듬어 진다. 그날 행사 곡의 연주가 마음에 들고 순조로우면 그날의 색소폰 공부는 만족한 결과를 가져 온다.

초연이 쓸고 간 깊은 계곡 / 깊은 계곡 양지 녘에.//
비바람 긴 세월로/ 이름 모를/ 이름 모를 비목이여.//
먼 고향 초동 친구/ 두고 온 하늘 가.//
그리워 마디마디/ 이끼 되어 맺혔네.//

궁노루 산울림/ 달빛 타고/ 달빛 타고/ 흐르는 밤.//
홀로 선 적막감에/ 울어 지친/ 울어 지친 비목이여.//
그 옛날 천진스런/ 추억은 애달파.//
서러움 알알이/ 돌이 되어 쌓였네.//

-『비목』 가사 전문

참으로 애절하고, 절절이 가슴을 울리는 가사다. 백척간두에 처해있는 나라의 위기가 엿 보이고, 조국을 위해 산화한 이름도 모르는 한 사람의 군인이 제대로 된 무덤이나 비석도 없이 인적도 없는 곳에 외로이 누어있는 정경이 너무나 가슴을 아프게 한다. 계곡을 떠도는 원혼이 우리를 원망하는 소리가 들리는 것 같다. 영웅들을 제대로 대접하지 못한 회한이 터져 나온다. 다시 한 번 호국영령들의 명복을 빈다.

6.25 남침

하지가 지나고 나면 6월 25일이 바로 따라 붙는다. 이 날을 두고 부를 이름이 마땅하지 않아 고민을 많이 했다. '6.25전쟁일', '6.25발발일', '6.25전쟁 기념일', '6.25' 모두 어색하거나 어울리지 않는 이름이다. 그래서 나는 앞으로 '6.25 남침일'이라 명명하여 부르기로 했다. 이와 같은 나의 각오를 두고 트집을 잡거나 비난을 하는 사람도 있을 것이라 짐작 하지만, 특정 사람들의 눈치를 보느라 아버지를 아버지라 부르지 못하는 어리석거나 비급한 사람이 되지 않기로 했다. '6.25 남침일!' 역사적인 진실에 부합될 뿐 아니라 얼마나 솔직하며 부르기 좋은 이름인가? 6.25전쟁은 1950년 6월 25일 새벽4시 북한의 기습 남침으로 시작되었다. 이는 엄연한 사실이고, 내가 초·중·고등학교를 다니면서 선생님들로부터 그렇게 배웠고, 당시의 정황들이 사실을 고스란히 증명해주고 있다. 해방이후 줄곧 북괴와 소련이 결탁하여 한반도 전체를 공산주의 국가로 만들기 위해 수단과 방법을 가리지 않고 도전을 일삼았다. 그러나 자유 진영의 만만찮은 저항에 부딪혀 뜻을 이루지 못하게 되자 방법을 바꿔 무력도발을 해 온 것이다. 이 전쟁으로 인해 우리민족이 치룬 대가는 이루 형용할 수 없다. 우리 나이로 다섯 살 먹은 철부지 시절이라 전쟁 초반에 내가 직접 보고, 듣고, 경험을 해서 입력된 사실은 아닐지라도 자라면서 어른들의 이야기를 반복해 들으면서 그때의 주요상황을 상당 부분 이해하게 되었고, 휴전이후의 사실들에 대해서는 비교적 소상하게 나의 경험을 토대로 이야기 할 수 있는 수준은 된다고 자부한다.

지리산 자락을 생활의 터전으로 삼고 있는 우리 인근 마을 사람들이 겪은 고초는 상상을 초월하였던 것 같다. 6.25 남침 2년 전 1948년 10월 19일어난 여순 병란이 진압되면서 그 잔당들이 지리산으로 쫓겨 들어오면서부터 이곳 주민들의 시련은 시작되었다. 뒤 이은 6.25 남침으로 전쟁이 일어 난지 불과 두 달 만에 낙동강 이북의 땅을 몽땅 내어 주었으니 나라의 운명이 바람 앞 등불이 되고 말았다. 이때 등장한 구세주가 바로 맥아더장군과 유엔군이었다. 장군의 지휘아래 유엔군과 국군이 연합하여 펼친 인천상륙작전으로 나라전체의 전황은 역전이 되어 압록강을 향해 북진을 거듭했으나 이때 퇴로가 막히고, 보급로가 차단된 인민군 패잔병들이 지리산으로 들어와 먼저 자리를 잡아 근거지를 확보하고 있던 여순병란 잔당과 합세하여 세력이 막강해졌다. 주민들은 이들을 빨치산이라 불렀다. 이들의 만행은 더욱 악랄해지고 주민들의 고통은 날로 심해져 더 힘든 나날을 보내야 했다. 특공대를 조직하여 공비소탕작전에 매진했으나 휴전이 되고 10년이 넘어서 최후의 빨치산 정순덕이 체포된 1963년 11월까지 장장 15년을 공비들의 시달림으로 생과 사의 경계선을 넘나들면서 갖은 고초를 다 감내하여야 했다.

밤과 낮이 교차할 때마다 이쪽 세상과 저쪽 세상이 바뀌는 상황이 계속되었다. 내일을 예측할 수 없는 상황에서 애꿎은 주민들만 빨치산과 특공대의 틈바구니에서 신음의 세월을 보내야 했다. 빨치산들은 주로 야간을 이용하여 활동한다. 어둠이 깔리면 마을 앞산에 내려와 군가를 부르며 특공대에 싸움 걸어온다. 수적으로 열세인 특공대가 퇴각을 하고나면 온 동네가 저희들 손아귀로 넘어가고 약탈이 시작된다. 식량은 물론이고 가축까지 도살하여 가져갔다. 우리 아군에게 우호 적인 사람을 찾아내 인민재판에 붙여 처형하거나 몽둥이로 때려서 초죽음을 만든다. 이렇게 억울함을 당한 사람이 우리 동네만 해도 부지기수다. 간혹 목숨을 보전하기 위해 저쪽 편 첩자로 활동하는 사람도 생겨나고, 심지어는 그들과 함께 산으로 들어가 그들의 앞잡이 노릇을 하는 이도 있었다. 어쩔 수 없이 울며 겨자 먹기로 부역에 참여하는 사람도 많았다. 그래서 우리 동네 사람들은 점심때가 지나면 읍내나 읍내 인근 마을로 가축을 몰고 피난을 다녔다. 우리 집은 뇌졸중으로 몸져누우신 할머니와 아녀자들은 남고 아버지께서 소를 몰고 피난을 다니셨다.

아버지께서는 낙동강을 사이에 두고 아군과 인민군이 밀고 당기며 각축전을 벌이고 있던 50년 9월경 인민군에게 붙들려 의용군으로 끌려가다. 진주 근교에 이르러 그들의 경계가 느슨한 틈에 극적으로 탈출에 성공하여 낮에는 산이나 들깨 밭에 숨어 감자나 날고구마로 배를 채우고, 밤이 되면 산길을 따라 여러 날 만에 집으로 돌아와 큰 화를 면하게 되었고 가족들의 큰 걱정을 덜었다. 언제 무슨 일이 일어날지 모르는 불안 속에서 우리 가족을 지켜주신 조상님들의 음덕에 감사드린다.

민족의 가슴에 말로서 할 수 없는 비극을 안겨준 6.25는 우리 또래 아이들의 성장 과정에도 영향을 끼쳤다. 보고 듣는 것이 대부분 전쟁에 관한 것이었고, 가지고 노는 것드 탄피·탄창·탈환·수류탄 껍질·포탄 껍질 같은 전쟁 부산물들이었다. 예기치 않은 불발 수류탄 폭발로 인하여 수족을 잃거나 목숨까지 잃는 사례가 빈번하였다. 하늘에서 비행기 소리가 들려오면 방공호로 달려가 콩닥거리는 가슴으로 비행기 소리가 멀어질 때까지 불안에 떨어야 했다. 아버지께서는 1952년 12월에 나라의 부름을 받고 정식으로 입대하여1958년 4월 만기 제대하실 때까지 5년 4개월간 복무하셨다. 제주 제2훈련소에 입소하였으나 기본 교육도 제대로 받지 못한 상태에서 서부전선에 배치되어 생사를 넘나드는 위험한 고비를 수백 번도 더 겪었다고 한다. 천만 다행으로 성한 몸으로 우리 가족 곁에 돌아오신 것만으로도 집안의 경사가 아닐 수 없었다. 같은 시기에 입대한 또래 중 성한 몸으로 돌아 온 사람은 몇 안 된다. 부상을 당했거나 괴뢰군에게 포로로 끌려가 갖은 고생을 겪다가 포로 교환 시 돌아온 분이 있는가 하면 전사했거나 지금까지 생사조차 모르고 지내는 사람도 있다. 아버지께서 전쟁터에서 나라를 지키시는 동안 어머니께서는 시어머니 병간을 하면서 아버지를 대신해 농사를 짓고, 아이들 키우고, 밤에는 길쌈으로 생에 가장 힘든 시간을 보내셨다. 아직도 6.25전쟁은 끝나지 않았다. 상처도 다 아물지 않았다. 우리의 국방력을 극대화하고 국민들이 투철한 애국정신으로 무장하여 어느 나라도 감히 우리나라를 넘볼 엄두조차 내지 못하도록 강한 힘을 가져야 한다. 첫째도, 둘째도, 셋째도 힘이다. 국방은 말이 필요 없다. 중국 고사에 목계라는 싸움닭 이야기가 나온다. 힘과 싸움기술을 겸비하여 내공이 깊은 닭은 가만히 있어도 상대가 꼬리를 내려 항복과 존경의 뜻을 표한다고 한다.

3부

자연의 속삭임

자연의 사랑 | 왕산의 교훈 | 코로나 19 | 고삐
물처럼 살리라 | 겨울 산행 | 강변공원 | 노을 | 향수

자연의 사랑

신이 인간에게 베푸는 사랑과 부모가 자식에게 베푸는 사랑에는 공통점이 있다. 조건이 없고 헌신적인 사랑이다. 이를 그리스어로 아가페라고 한다. 아가페가 신과 인간·인간과 인간 사이에만 존재하는 것은 아니다. 자연과 인간 사이에도 이 아가페 사랑이 기능을 하고 있다. 다만 의도적이냐, 헌신적이냐 무한성이 있느냐 없느냐 하는 관점에서 정도의 차이가 있을 뿐이다. 물·공기·태양·불·소금……. 이외에도 자연이 인간에게 베푸는 자연 자원은 부지기수다. 나무 한 그루·풀 한 포기·벌레·돌·미생물에 이르기까지 삼라만상이 다 사람에게 음으로 양으로 사랑을 주고 있다는 생각을 갖게 한다. 자연이 직접 사람들에게 베푸는 경우도 있으나 대부분 창고를 개방해 놓고, 사람들이 필요한 만큼 가져다 쓰도록 허용하는 경우가 많다.

이십여 년 전 길랑-바레 증후군이라는 희귀병을 앓아 병원에 입원하여 장기치료를 받은 일이 있다. 자가 면역 질환의 일종으로 근육 신경이 모두 마비되어 인공호흡기 신세를 져야만 했던 긴박한 상황이 있었다. 자꾸 숨길을 틀어막는 가래를 스스로 제어할 능력이 없어 담당 의사와 간호사가 번갈아 기구를 사용하여 처리를 해주었지만 그것은 잠깐잠깐 일뿐 시도 때도 없이 차오르는 가래를 감당할 수 없어 애를 먹었다. 숨이 막히는 고통! 이건 당해본 사람만이 알 수 있는 것이다. 이승과 저승을 오가며 죽음의 순간을 체험하는 과정에서 공기의 존재가치를 뼈저리게 실감했다. 신선한 공기가 몸 안에 들어와 한 바퀴 돌아나가면서 하는 역할이 헤아릴 수 없이 많고, 그 역할들이 우리가 생명을 이어나가는 데 절대적이라는 사실도 그때 알았다. 비록 사람뿐 아니라 숨을 쉬며 살아가는 모든 생명체의 생사를 좌우할 수 있는 막강한 힘을 가지고 있으면서도 자랑하거나 뽐내거나 생색을 내지 않으니 평소에는 사람들이 별로 관심을 갖지 않는다. 그러나 불평 한 마디 없이 묵묵히 제 자리에서 사랑을 베푸는 소임을 다 하고 있을 뿐이다.

물도 마찬가지다. 인간은 물을 마시지 않으면 열흘을 버티기 어렵다고 한다. 우리 몸속에 들어가 체온을 조절하고, 피를 돌려 영양분을 각 기관에 공급한다. 우리 몸을 지탱하는 조건에 맞게 염도나 산도를 조절하며 돌아 나올 때는 몸속에 필요 없는 배설물을 모두 데리고나오는 등 그 역할이 다양하고, 이것 역시 목숨과 직결 된다는 점에서 그중요성과 고마움은 아무리 강조해도 지나치지 않을 것이다. 물이 없다는 가정을 상상해보자. 습도를 조절하고, 음식을 조리하고, 청소하고, 빨래하고, 목욕하는 인간의 일상생활과 농사짓고, 공장을 돌리고, 전기를 일으키는 생산적 산업 활동이 가능 할 수 있었을까? 어림없는 이야기 일 것이다. 불가능했을 것이라는 말이 설득력을 얻을 것이다. 광활한 사막에 풀 한포기 나무한 그루를 구경할 수 없는 것은 물 때문이 아닌가! 세계적으로 돌아보면 우리나라처럼 물을 마음대로 먹고, 쓸 수 있는 나라도 드물다고 한다. 땅 속에는 양질의 지하수가 가득가득 저장되어 있고, 언제 어디서든 마구 퍼 마셔도 되는 1급수가 계곡과 냇물에 넘쳐흐르니 우리는 복 받은 민족임에 틀림없다.

아침에 동쪽 하늘에 솟아오르는 태양을 보라! 당당하고 믿음직스럽지 아니 한가. 붉은 아침노을의 기운을 머금은 영롱한 빛으로 세상을 밝혀 만물의 잠을 깨우고, 희망을 속삭여 하루의 시작을 주도한다. 지구상의 생물들을 먹여 살릴 먹거리를 마련하기 위해 푸른 잎을 가진 친구들을 찾아가 광합성작용을 독려한다. 찬란한 빛을 쏘아 사물을 분간하게 하며, 지나가는 길목마다 볕을 뿌려 기온을 조절해 안락한 삶을 누리게 하고, 밤에는 달과 협력하여 밤을 밝힘으로서 사람들이 최소한의 밤 생활을 영위하도록 배려한다. 이 얼마나 믿음직스러우며 고마운 존재인가? 태양이 없는 암흑의 세계를 상상해보자. 아름다운 색상의 옷도, 아름다운 풍경도 뛰어난 용모도 아무런 소용이 없을 것이다. 삼라만상 모든 물체들을 구별 할 수도 없을 것이며 이들을 생활에 유용하게 활용하여 생활하는 우리 인간의 삶에도 많은 제약이 따를 것이다.

인류가 불을 발견해서 생활에 활용한 일은 인류의 삶에 큰 변화를 가져온 역사적 대사건이다. 불의 발견과 농경의 시작은 정착생활을 가능하게 하였으며 생식을 하던 사람들이 익힌 음식을 먹게 되는 등 생활문화에 일대 전환을 가져왔다. 오늘날 불은 인간과 불가분의 관계로 발전하여 항상 사람들 곁에서 특별한 대접을 받는 귀한 존재가 되었다. 전기·전등·보일러·온돌·난로·각종 기계 기구 등 우리생활과 밀접한 관계를 맺고 있으며 앞으로도 연구 개발에 힘입어 무궁무진한 발전을 거듭하여 사람들의 일상을 편리하고 풍요롭게 할 것으로 전망된다.

소금도 우리 생활에 없어서는 안 될 자연 자원 중 하나다.

단순히 음식의 맛을 돋우는 역할만 하는 게 아니라 우리 몸에 들어가 여러 가지 작용을 하거나 돕는다. 인체의 혈액이나 세포안의 염도를 조절하여 신체 기능을 원활하게 하는 중요한 역할을 담당하고 있다. 음식을 만들 때 가장 중요한 조미료로 진가를 발휘할 뿐 아니라 식품의 저장이나 공업 원료로 매우 긴요하게 쓰이는 자원이다. 사람들 사이에 변하지 않는 사랑이나 우정을 소금에 비유하기도 하고 수시로 변하는 마음을 경계하는 교훈으로 대접을 받는다. 그 외에도 인간 생활에 도움을 주는 자원은 수 없이 많다.

부모의 사랑은 아무런 조건 없이 일방적으로 베푸는 사랑이고, 자신을 희생하면서 베푸는 헌신적인 사랑이며 끝없이 무한한 사랑이다. 자연이 인간에게 베푸는 사랑도 마찬 가지다. 우리의 생명과 직결되는 중요한 자원임에도 어머니의 사랑처럼 평소에는 느끼지 못하고 무관심으로 산다. 자연 자원을 마음껏 쓰며 누릴 수 있는 권리가 우리에게 주어져 있는지는 알 수 없으나 최소한 그 큰 고마움에 감사하는 마음을 갖는 것은 당연한 일이고, 자연을 아끼고, 잘 관리하여 오염을 막고, 보존할 책임과 의무는 우리 모두에게 있다고 생각한다. 쾌적한 자연을 우리 세대는 물론 후손들이 대를 이어가며 혜택을 누릴 수 있도록 최선을 다해야 할 것이다.

왕산의 교훈

운동회도 끝나고 소풍도 다녀왔다. 연간 학교의 주요 행사가 거의 마무리 된 셈이다. 길 가에는 코스모스가 제철을 만나 가을바람을 즐기고, 고추잠자리는 맑은 하늘을 배경 삼아 비행연습에 바쁘다. 모처럼 마음이 편안하고 여유가 생겨 어디론가 훌쩍 떠나고 싶어지는 주말이었다. 토요일 퇴근을 앞두고, 교감 선생님이 불쑥 왕산을 가리키며 등산을 제안 했다. 해발 923.2m 왕산은 경상남도 산청군 금서면 화계리에 있는 산으로 우리가 근무하고 있는 유림초등학교 운동장에서 바라보면 바로 코앞이다. 가락국 16대 구형왕이 신라의 침략으로 이곳까지 밀리고 밀리면서 저항했으나 신라의 강한 힘을 막지 못하고 끝내 최후를 맞이하면서 가락국은 멸망의 비운을 맞게 되고, 구형왕은 가락국 마지막 왕으로 자리매김하였다. 전사한 그 자리에 주위의 자연석을 쌓아올려 이집트 피라미드를 연상하게 하는 7층 적

석총으로 만들었다는 구형왕릉이 있고, 삼국통일의 주역 김유신 장군이 활쏘기 연습을 했다는 사대射臺가 있다. 이 구형왕릉 때문에 왕산이라는 이름을 얻었다고 전해온다.

즉석에서 6사람이 참석을 희망하여 성사가 되었다. 동네 상점에서 주섬주섬 간식거리(빵, 마른안주, 됫병소주 등)를 사서 나눠지고 출발하였다. 왕릉을 지나 계곡으로 접어드니 코로 스며드는 까슬까슬한 공기와 가을 냄새가 일행의 발걸음을 가볍게 하였다. 왕산에 얽힌 ㄱ선생의 구수한 이야기에 맞장구를 쳐가며 가볍게 정상에 올랐다. 두 시간이 채 걸리지 않았던 것 같다. 산과 강과 들판이 멋들어지게 조화를 이루어 한 편의 그림으로 펼쳐졌다. 화장산 자락에 고즈넉하게 엎드려 있는 유림 초등학교가 딴 세상인 듯 다가왔다. 성냥 곽 정도로 작게 보이는 좁은 공간에서 쓸데없는 감정과 이해관계에 얽매여 아옹다옹 자존심에 상처를 주고받았던 일들이 떠오르며 쓴 웃음을 자아낸다. 반대편엔 필봉筆峰(848m)이 팔짝 건너뛰어도 될 듯 가깝다. 이 고장에서 태어난 저명한 학자, 문장가들이 이 봉우리와 무관하지 않다는 ㄱ선생님의 이야기와 가을 냄새를 안주 삼아 술잔이 몇 순배를 돌았다. 모처럼 일상을 벗어난 오붓함에 술기운까지 가세하니 모두들 반쯤은 신선이 된듯하였다. 됫병 바닥이 들어 날 때쯤에는 다소 이성을 잃은 듯 내친김에 필봉까지 갔다 오자는 합의가 덥석 이루어졌다. 이것저것 냉철하게 따져보지도 않고, 단숨에 갔다 올 수 있다는 자신감 하나로 필봉을 향해 내달았다. 젊은 사람들이 앞장을 섰다. 정상에서 1km 쯤 내려 왔을 때 뒤쪽에서 고함소리가 들려왔다. ㅎ선생님이 발목을 다쳤다는 전갈이다. 다행이 옆에 ㅇ선생님이 함께 있었기 때문에 두 사람이 부축하여 먼저 하산하라는 의사를 전달하고, 남은 4사람은 필봉을 향해 뛰기 시작했다. 얼마 가지 않아 가장 젊고 체력이 튼튼한 ㄴ선생이 갑자기 의식을 잃었다. 이는 필시 이성을 잃은 인간의 경망스러움과 끝이 없는 욕심과 자연을 얕잡아보는 교만에 대한 신의 경고였을 것이다. 알고 있는 상식을 동원해 열심히 응급 처치를 해봤지만 도움이 되지 않았다. 핸드폰이 없던 시절이니 응급차를 부를 수도 없고, 진퇴양난의 난감한 처지가 되었다.

술이 첫 번째 화근 이었고, 예정에 없던 필봉 도전이 두 번째. 첫 부상자가 나왔을 때 필봉도전을 포기하지 못한 일이 세 번째. 다급한 마음에 뛰어 내려온 것이 네 번 째 화근으로 분석 되었지만 이미 소용없는 후회였다. 왕산 정상으로 되돌아갔다가 하산하는 방안은 이미 벌어진 상황으로 보아 불가능하였기에 현 위치에서 특리 마을이나 쌍효 마을 방향으로 하산하는 쪽으로 가닥을 잡았다. 응급처치를 병행하면서 마을을 향해 무거운 발길을 옮겼다. 두 사람이 양쪽겨드랑이를 부축하여 내려오는 데 길도 분명하지 않고 70kg을 웃도는 장정이 의식을 잃어 축 늘어진 상태라 얼마 움직이지 않아 무릎과 발이 땅에 끌려서 무척 힘이 들었다. 남은 세 사람이 교대하며 있는 힘을 다 쏟아보지만 한 번에 10여m 이상 움직이기도 힘들었다. ㅎ선생님의 안위를 걱정하면서도 알아볼 방법이 없어 이래저래 애꿎은 가슴만 타들어갔다. 해가 자취를 감추고 어둠이 밀려오자 위치를 분간하기 어렵고, 길이 보이지 않아 점점 불안이 짙어만 갔다. 다행이 마을의 불빛이 등대가 되어 주었다. 고생 끝에 신작로에 도착하니 11시가 되었다. 교감선생님이 마을에 내려가 리어카를 빌려왔다. 울퉁불퉁 자갈길이었지만 리어카의 역할이 얼마나 고마웠는지 모른다. 배가 고프고 갈증도 심했지만 처한 상황이 하도 심각하여 입 밖에 낼 수도 없었다. 화계 시장 통에 있는 평소 자주 들렀던 음식점에 사정을 알리고 방 한 칸을 빌려 환자를 눕히니 자정을 훨씬 넘긴 시간이었다. ㄴ선생님은 그때까지 깨어나지 않고 우리를 더욱 애태우게 했다. 산청과 함양 읍내 병원에 연락을 해 수소문했으나 신통한 대답을 듣지 못하고, 은근히 걱정이 되었다. 손발을 주무르고, 쌀무리를 갈아 먹이고 하는 동안 의식이 돌아오는 기미를 보이기 시작했다. 온돌방의 온기가 주효했던 것으로 판단되었다. ㄴ선생님의 의식이 돌아오자 힘들었던 생각들은 눈 녹 듯 사라지고, 애태웠던 큰 걱정이 해결되어 안도하는 서로의 눈빛과 눈빛으로 노고에 대한 인사를 대신하였다.

이튿날 ㅎ선생님 일행의 안전이 궁금하여 ㅇ선생님 댁에 전화를 했더니 버럭 화를 내며 우리에 대한 원망을 토해냈다. 그 사이에 있었던 사건의 자초지종을 상세히 말씀드렸더니 그제서야 화를 풀고 평상시의 목소리로 돌아왔다. 이들은 우리와 헤어진 뒤 부상자를 부축하여 어렵사리 산을 내려오다가 날이 저물어 산 중턱에 위치한 암자에서 밤을 새우고, 새벽 날이 밝아지기를 기다려 집으로 돌아 올 수 있었다고 한다. 가족들까지 돌아오지 않는 식구를 기다리며 뜬눈으로 밤을 새우게 했으니 신의 노여움이 얼마나 컸었는지 짐작할 수가 있었다. 시종 즐거웠어야할 산행이 어처구니없게 고생으로 막을 내렸다. 산행에 참여했던 동료들은 물론 이 이야기를 전해들은 동료. 친지들에게도 값진 교훈으로 남을 것이다.

백수의 왕을 다투는 호랑이와 사자도 한낱 사냥감인 토끼 한 마리를 사냥하면서도 지혜를 있는 대로 다 짜내고, 혼신의 힘을 다한다고 한다. 어떤 일이든지 사전에 면밀한 검토와 치밀한 계획을 세워야한다. 이를 바탕으로 준비에

만전을 기하고 시행해야 성공률이 높다. 사람들은 의사 결정을 할 때 이성보다 감성을 앞세우는 경향이 많다. 이런 점도 경계해야할 것이다. 더욱 경계해야 할 것은 자연을 얕잡아보는 일이다. 자연은 인간에게 퍽 우호적이지만 심하게 무시하면 반드시 인간이 감당할 수 없는 큰 재앙을 불러온다는 진리를 명심해야 한다.

코로나 19

세계를 강타한 코로나 열풍이 변이를 계속하면서 점점 세력을 확장해가고 있다. 사람들이 코로나의 기세에 밀려 삶의 동력을 잃고, 불안과 공포에 휩싸여 있는 와중에 보건소로부터 한통의 전화를 받았다. 아내가 코로나 검사에서 양성판정을 받아 자가 격리대상자가 되었으니 보건소의 방침에 따라 적극 협조하라는 취지의 내용과 함께 장황한 유의사항을 이어갔다. 무슨 말인지 귀에 제대로 들어오지 않았고, 코로나에 대해 반복 들었던 악성 정보들이 한꺼번에 밀려와 불안과 공포 속으로 몰아넣는다. 항상 좋지 않은 일은 남의 몫이라 생각하고 나한테는 그런 불행이 피해 갈 것이라는 막연한 믿음으로 겹겹이 방어막을 치고 살아왔는데 이런 일이 나와 나의 가족 앞에 현실로 성큼 다가서니 당황하지 않을 수 없었다. 당장 무엇을 어떻게 해야 할 바를 몰라 집안을 이리저리 서성이다가 아내에게 대강의 전말을 정리하여 설명하고, 대책을 의논하고 있는 중인데 또 한통의 전화가 걸려 온다. 자가 격리 대상자에게 지원하는 물품을 현관 문 앞에 배송해 두었으니 확인해 보라고 했다. 라면박스 두 개 분량의 식품과 함께 간단한 의약과 체온계. 그리고 장장 A4 두 장에 달하는 주의 사항과 법적 책임 까지 묻는다는 협박조의 지시사항이 빼곡하게 인쇄되어있는 안내서가 들어 있었다. 물품을 지원해주고 유의사항을 알려주어 고맙다는 생각은 들지 않고, 꺼림직스런 느낌과 함께 달갑잖은 환자로 취급당한다는 자격지심과 소외감 같은 것들이 한동안 몸과 마음을 짓눌렀다.

아내는 최근 집근처 요양보호센터에 아침저녁 출퇴근을 하면서 낮 동안 보호를 받고 있었다. 며칠 전 수용자 중 몇 사람이 코로나 환자로 치료를 받고 있다는 사실이 밝혀져 수용자 전원에게 검사를 받으라는 행정 명령이 있었던 것 같다. 그 결과 아내와 동료 수용자들 몇 사람이 추가로 양성 판정을 받게 되었고, 요양원은 이 일로 임시 휴원休院 처분을 받은 모양이다. 이렇게 해서 보름 동안의 자가 격리가 시작되었다. 당사자인 아내는 문밖출입을 전면 통제 받았고, 보호자인 나도 극히 제한적인 문밖출입과 일상생활이 허용이 되었다. 아내는 안방·나는 거실에서 별거를 하면서 음식물을 제공하고, 수발을 들면서 코로나의 된 맛을 톡톡히 보았다. 그 후에도 코로나와 우리가족의 악연은 몇 차례 더 이어졌다. 아내가 대장 파열로 수술을 하고, 병원에 장기간 입원치료를 할 때도 코로나와의 악연은 따라다녔다. 나와 아들·며느리·딸이 일주일씩 교대하며 병실 간호를 하는 데 간병인 끼리 교대를 위해 병원을 나갔다가 다시 들어올 때는 반드시 불편한 코로나 검사를 받아야만 했다. 얼마 지나지 않아 딸·아들·나·며느리가 차례대로 코로나 양성 판정을 받아 각자 자가 격리의 곤욕을 치렀다. 병원이 오히려 병을 옮겨주는 매개 역할을 했던 것이다. 나중에는 간병해줄 건강한 식구가 없어 개인 간병인을 들였는데 이 간병인마저 아내와 같이 양성판정을 받아 함께 병원에서 쫓겨나는 신세가 되었다. 명색이 종합병원이라 불리는 큰 병원에서 코로나 때문에 받아 줄 병원도 없는 상황을 뻔히 알면서 본 병원에서 수술을 받고 치료 중인 환자를 아무런 조처도 없이 내쫓는 야박한 처사는 분통을 터트리게 하고도 남았다. 찾아 갈 곳도 없고, 받아줄 곳도 없는 천덕꾸러기 신세가 되어 집으로 돌아와 불안하고, 힘든 시간을 보내야만 했다. 우리 가족은 나머지 손자 손녀들 까지 빠짐없이 모두 이 코로나와 맺고 싶지 않은 인연을 맺었다.

코로나의 발원지는 중국 후베이성 우한이라는 지역으로 알려지고 있다. 역사상 전염병이 창궐하여 많은 인명을 앗아가고, 인간의 사회활동을 허물어 아수라장으로 만든 사례는 여러 차례 있었지만 규모나 위력이나 지속기간을 견주어보면 이번 코로나는 전례에서 찾아 볼 수 없는 인류의 대 재앙이요, 수난이다. 금세기 자연이 인류에게 경각심을 통보하는 마지막 경고 일지도 모른다. 나라마다 감염자와 사망자가 연일 새 기록을 세우고, 사람들의 사회 활동과 경제활동을 움쩍달싹 못하게 멈춰 세웠다. 삶의 기본 틀을 송두리째 빼앗긴 사람들은 불안과 공포 속에서 육체적 정신적 고통을 감내면서 일상으로 돌아갈 그 날을 고대하며 한숨으로 날을 새우고 있는 중이다.

천재지변의 위급상황을 만나 정부나 관리들이 지금까지 최선을 다해왔고, 앞으로도 최선을 다할 것이라 믿고 싶지만 이번 사태를 겪는 과정에서 우왕좌왕하는 모습을 적나라하게 보여준 정부나 관리들의 초기 대응은 극히 실망스럽고 믿음이 전혀 가지 않는다. 우리 국민의 생명과 안위를 최우선 순위에 두고, 단순하게 상식과 원칙에 따라 처리 했더라면 국민들의 희생과 고통을 많이 줄였을 것이라는 생각을 갖는 국민들이 의외로 많았던 것 같다. 병마가 창궐하여 국민의 생명들이 스러져가는 위급상황에서도 정치적 우불리를 계산하고, 이웃나라 눈치를 보는 정부와 관리들이 있었다는 말도 들린다. 사실이라면 이 정부는 어느 나라 정부이며 관리들의 소속이 어디 인지 따져 묻고 싶다. 코로나의 초기 이웃 나라들로부터 위험 경고가 들려 왔음에도 코로나가 우리나라로 들어오는 주 관문을 통제하지 않고 방치하면서 그 관문을 통해 들락거리는 일부국가의 사람들에게 오히려 특혜를 주어 우대하는 우를 범함으로서 국민들의 걱정을 키웠을 뿐 아니라 사태를 더욱 심각하게 만들었다는 이야기가 국민들 사이에 널리 공감대가 형성된 상태라고 한다. 만약 어느 특정 국가의 눈치를 살폈다거나 정략적 목적에 질병을 이용한 것이 사실이라면 이건 나라도 아니고 외교도 아니다. 그 특정 국가의 속국임을 스스로 인정하고, 세계만방에 선포하는 행위이다. 국민이 맡겨준 책임을 망각하고, 나라의 주인을 속이고 우롱한 처사는 마땅히 역사의 심판과 함께 단죄를 받아야 할 것이다. 그래야 나라가 바로 설 것이다. 백신과 마스크를 확보하고, 공급하는 과정에서도 우리나라가 국제사회에서 인정받는 능력과 책임에 어울리지 않는 푸대접을 받았다는 석연치 않은 이야기에도 국민들이 의심의 눈초리를 보내고 있다.

위대한 자연의 섭리 앞에 인간의 존재는 한 없이 초라하고 미약하다. 지혜만 믿고 섣불리 자연과 맞서거나 과욕을 부리면 자연은 반드시 재앙으로 돌려준다. 이번 코로나의 수난도 인간의 욕망이 빚어낸 결과라는 이야기가 들려온다. 시간이 지나면서 코로나의 악령에서 점차 벗어나고 있는 추세로 판단되나 아직도 밖에 나가려면 마스크를 챙겨야 하고, 지하철이나 거리에 마스크를 착용한 사람들이 많은 걸 보면 코로나 19의 영향권에서 완전히 벗어나지는 못한 것 같다. 하루 속히 코로나가 지구에서 사라지고 마스크로부터 완전 해방되는 그날이 오기를 고대한다. 아울러 당국은 이번 사태를 거울삼아 차후 예상되는 각종 위난에 슬기롭게 대처할 수 있는 만반의 대책을 마련하여 국민들에게 주지시켜서 국민과 정부가 함께 피해와 걱정을 줄이고 예방하는 계기로 삼아야 할 것이다.

고삐

소를 먹이러 집을 나서면 소의 발걸음도 가볍고, 소치는 아이들도 신이난다. 동네의 소와 아이들이 모두 나와 길게 줄을 지어 그날의 목적지로 행한다. 매우 한가롭고, 정겨운 풍경이다. 아지랑이 동산에 새싹이 돋으면서부터 무서리 내리는 가을까지 비가 오나 바람이 부나 아침과 오후 하루도 빠짐없이 이어지는 일과다. 목적지에 도착하면 소가 풀을 뜯기 편하게 고삐를 쇠뿔에 단단하게 감아 매거나 뿔이 아직 덜 자란 어린 소는 목덜미에 감아 묶어 풀밭에 풀어 놓는다. 모처럼 무섭고 거추장스런 고삐로부터 해방된 소들은 비로소 자유의 몸이 되어 맘대로 돌아다니며 좋아하는 풀을 골라 먹고, 다른 소들과 어울려 자유가 제공하는 모든 편안함과 오붓한 여유를 즐기며 짜릿한 시간을 보낸다. 아이들은 당번을 정해 논밭이 있는 곳과 소들이 접근하면 위험한 장소를 지키면서 농작물과 소들의 안전을 돌본다. 나머지 아이들은 전쟁놀이·술래잡기·소꿉놀이·사방치기 같은 놀이로 시간가는 줄 모른다. 틈틈이 머루·다래·개암·정금 같은 열매를 따 먹기도 하며 때로는 집에서 가져온 감자를 구워 먹거나 밀 사리 보리 사리 같은 추억을 만들기도 한다. 소들은 자유를 푸지게 누리는 시간이고, 아이들은 아이들대로 공부와 어른들의 시선을 벗어나 동심의 나래를 맘껏 펼치는 시간이 된다.

사람과 가축의 관계는 서로 돕고 돕는 공생관계가 아니다. 그들의 의지와 관계없이 사람 중심으로 기울어진 주종의 관계다. 사람들은 가축과 관계를 맺으면서부터 이들의 고기를 식용해 왔고, 힘을 빌려 농사를 짓거나 무거운 짐을 운반하는데 이용해왔다. 가축은 인간으로부터 먹고 잠자고 추위를 막는 삶의 기본권과 맹수들의 위협으로부터 생명과 안전을 보장받는 대신에 고삐라는 도구를 통해 생살여탈권을 사람들의 손아귀에 쥐어줌으로써 자유를 앗기고, 육체적 정신적 고통을 감내해야하는 신세가 되었다. 인간은 원초부터 잔인하고 자기중심적인 본능을 가지고 있다는 사실을 여기서도 여실이 보여주는 셈이다. 농기계가 발달하고 새로운 영농기술이 도입되어 가축의 힘에 의존하거나 사람의 힘으로 농사를 짓는 시대가 지나고, 지금은 추억 속으로 사라졌다. 소·돼지·닭처럼 농가에서 필수적으로 사육하던 가축들도 농촌에서 자취를 감추고 육류 공급을 목적으로 하는 대형 가축농장들이 그 자리를 메우고 있다. 상황은 이렇게 달라졌지만 가축과 사람의 주종관계는 변함이 없다. 가축의 힘을 강제하고 조정하는 고삐와 코뚜레도 그 존재를 과시하며 악역을 어가고 있다.

아버지께서는 항상 암소를 선호하셨다. 황소는 고집이 세고 엉뚱한 짓으로 말썽을 자주 부리지만 암소는 성질이 온순하여 저항하는 일이 드물다. 주인을 잘 따를 뿐 아니라 한 번 길을 들여서 서로 교감이 형성 되면 들에 나가 일을 할 때 고삐로 조정하거나 시끄럽게 큰소리로 고함치지 않아도 소가 스스로 움직여 호응해주니 힘이 들지 않는다는 장점이 있는데다 일 년에 송아지 한 마리씩을 덤으로 낳아주니 경제적으로도 우리의 학비 조달에 큰 보탬이 되었기 때문이다. 아버지의 소사랑은 특별하셨다. 힘을 빌리기 이삼 일 전부터 쇠죽에 호박이나 보리쌀을 듬뿍 넣어 특식을 제공하고, 털을 손질하는 등 정성을 쏟으셨다. 나이가 들어 이별을 해야 할 시점이 다가오면 아버지께서는 말수가 적어지시고, 쉽게 결단을 내리지 못해 한숨과 함께 고민이 깊어지신다. 읍내 우시장에서 아쉬운 이별을 하고, 새 식구가 된 소를 몰고 돌아오시는 날 아버지는 항상 술의 힘을 빌리셨고, 팔려간 소의 후일을 걱정하셨다. 새 식구에게 정을 붙이려 노력하셨지만 한동안 아쉬운 이별의 후유증으로 몸살을 앓곤 하셨다.

애완동물을 기르는 사람들이 부쩍 늘고 있다. 대상 동물도 다양하다. 강아지·고양이·새·물고기처럼 낯익은 동물들이 주류를 이루지만 외국에서 들여온 낯선 동물들도 많고, 심지어 뱀처럼 보통사람들이 혐오하는 동물들도 다수 있는 것 같다. 애완동물을 기르는 이유도 사람에 따라 각양각색이지만 대체로 동물은 주인을 잘 따르며 충성하고, 배반하지 않으며 정직하기 때문이라는 주장이 설득력을 갖는다. 하지만 애완동물들이 모두 주인의 마음처럼 복된 삶을 누리며 현실을 긍정적으로 받아들이고 있는지는 동물 자신들만이 알 수 있는 영역이라 감히 사람의 입장에서 판단하는 것은 옳은 일이 아닌 것 같다. 새장에 갇힌 새가 새장을 돌며 지저귀는 몸짓과 소리를 새의 입장이 아닌 사람의 입장에서 보고 듣고 생각하는 오류를 범하는 일은 없는지, 동물원에 갇힌 많은 동물들이 그들이 태어나고 자란 숲속을 그리며 우리 안을 빙빙 돌며 호시탐탐 탈출의 기회를 엿보고 있다는 사실도 잊어서는 안 되겠다. 각박한 생존경쟁의 생활현장에서 차츰 퇴색되어가는 사람의 본성을 동물과의 관계를 통해 복원해 보려는 차원에서 애완동물을 기르는 일은 권장할만한 일이다. 다만 동물과 같이 지내면서 고삐의 균

형과 조화를 통해 동물들의 입장에서 이들을 배려하는 노력을 잊지 말아야 하며 주위에 반려동물을 기르지 않는 보통사람들이 상당 수 있다는 사실도 망각해서는 안 되겠다.

인간의 공동체생활에서도 고삐는 엄연히 존재하고 있다. 가족·상식·윤리·도덕·규칙·법·미풍양속 등등, 우리 사회를 얽어매고 있는 것 들이 모두 포함된다. 이들은 눈에 보이지는 않지만 인간의 사회생활에 음으로 양으로 영향을 주고받으며 중요한 역할을 이어가고 있다. 책임과 자유. 권리와 의무는 서로 대립되는 개념이지만 동전의 양면과 같다. 어느 한쪽 면이 없으면 동전으로서의 기능을 상실하듯이 이들은 상호작용을 통해서 조화를 이루면서 인간사회를 떠받치는 핵심 요소다. 이들이 균형을 잃으면 인간의 건강한 공동체는 존재할 수 없다. 국민으로서·직장인으로서 자신의 책임과 의무를 성실히 수행하면서 자유와 권리를 함께 누리는 성숙한 사회·모두가 행복한 사회를 꿈꾼다.

아내의 병을 간호하면서 짧고, 단단한 고삐에 매인지 오래다. 친지·친구들과는 소원해지고, 삶의 대부분을 포기한 상황이지만 아내와 함께 숨을 쉬는 것만으로도 행복하다. 아내의 병세가 더 이상 악화되지 않고, 고통 없이 이대로 오래오래 함께해주기를 바랄 뿐이다.

물처럼 살리라

우리 집 밥 때는 늘 다른 집보다 늦었다. 아버지 어머니가 일 욕심이 많았던 것 같다. 들에서 늦게 돌아오신 어머니는 손발 씻을 틈도 없이 식구들의 식사준비에 한 바탕 더 바쁜 시간을 보내야 했다. 밥을 안쳐주고, 잰 걸음으로 텃밭을 한 바퀴 돌아 나오면 상추·정구지·쪽파·마늘·아욱·근대·무·배추·오이·고추 같은 푸성귀가 소쿠리에 가득 담겨 나온다. 이리저리 다듬고, 수차례 앞개울에 들랑거리고, 토닥거리는 도마 소리가 잦아들면 맛있는 된장국 냄새가 금세 집을 메우고, 나물·무침·쌈·냉국 등의 반찬으로 탈바꿈한 채소들이 푸짐하게 밥상을 채운다. 발걸음이 날래고 손놀림도 빨라서 도저히 가늠하기가 힘들다. 밥솥에 불을 지피고, 우물에 가서 주전자 가득 시원한 물을 떠오는 일은 주로 내 몫이었다. 동네에는 유일한 공동우물이 하나 있었다. 마을이 생겨날 때부터 동민들의 삶을 이어주고, 보살펴

준 생명줄이었으며 동민들과 애환을 함께해온 생생한 증인이다. 마시고, 익히고, 씻고, 동민들의 생활에 없어서는 안 될 요긴한 역할을 묵묵히 수행해 온 마을의 공동자산이다. 수량도 넉넉하고 물맛이 좋아 인근 마을에까지 소문이 자자했던 우물이다. 특히 더운 여름철 얼음처럼 차가운 물맛은 일품이었다. 동네 아녀자들이 서로 아침저녁 인사를 나누며 수다를 떠는 장소가 되기도 하고, 새로운 정보를 나누고 소통하는 의미 있는 공간이기도 하였다. 동네에서 일어나는 좋은 일 궂은 일 가리지 않고 실시간 생중계가 되며 커뮤니케이션이 이루어지는 유일한 공간이었다.

삼십대 후반부터 상선약수라는 말을 좌우명으로 삼아 실천에 힘쓰고 있다. 중국의 철인 노자는 일찍이 '상선약수上善若水'라 하였는데, '이 세상 으뜸의 선善은 물과 같다'라고 하면서, 물의 행적과 선행을 우리 사람들이 본보기로 삼을 것을 권하였다. 나처럼 부족한 사람이 감히 물을 따라할 수는 없겠으나 최선을 다해 실천해 보려고 한다. 물은 태양·공기·흙·불과 더불어 만물의 근원으로 대접받는 절대적인 존재다. 특히 물은 생명체의 동력인 생명력과 자양분을 공급한다. 어떤 사물과도 다투지 않으며 차별하지도 않는다. 오직 자연의 순리와 질서를 쫓아 자기의 갈 길을 간다. 길이 막히면 돌아가거나 쉬어가는 여유도 즐길 줄 아는 멋쟁이다.

높은 자리를 탐하지 않고, 양보와 배려의 미덕을 발휘하면서 낮은 곳으로 낮은 곳으로 흐르면서 이르는 곳마다. 주위에 도움을 선사하지만 생색을 내는 일이 없다. 언제나 겸손하며 쓰레기나 폐수처럼 오염된 물과 물건들까지 모두 포용하여 녹이고 씻고 분리해서 원래의 모습으로 되돌려주는 자정능력도 대단하다. 어떠한 상황에서도 이익을 다투지 않으며 주위 환경에 따라 액체·기체·고체로 변신을 하지만 본성은 변하지 않는다. 모험을 기꺼이 감수하고 하늘에 올라가 강줄기의 손길이 미치지 못하는 산천초목 짐승과 미생물에 이르기 까지 모든 생명체를 위해 비로 내려와 그들의 갈증을 풀어주고 희망을 속삭여 준다. 물 아니고서는 도저히 흉내 낼 수 없는 일이다. 대신 할 수도 없다. 담기는 그릇이나 공간의 모양에 구애 받지 않고 유연하게 대처하는 능력 또한 놀랍고, 언제 어디서나 당황하지 않고 상황에 능동적으로 대처하는 유연성과 융통성·바위도 뚫어내는 끈기와 난국을 극복해나가는 인내심 등등 교훈으로 본 받아야 할 것들이 많고 많다. 그렇다고 힘이 없거나, 나약한 존재는 결코 아니다. 인간이 자연의 법을 무시하거나 이기심이 도를 넘을 때는 가공할만한 힘을 발휘하여 경각심을 일깨워주기도 한다.

도도히 흐르는 낙동강을 바라보면 마음이 편안해지고, 여유로워진다. 낙동강이 발원한 태백 황지연못에서 천 삼백 여리. 지리산 천왕봉에서 칠백 여리 먼 길을 돌고 돌아 마지막 종착지 부산 앞바다의 관문 낙동강 하구 둑을 바라보며 감회에 젖어 여행 중 보고, 듣고, 겪은 숱한 일들을 돌아보며 정리하는 시간을 갖는 듯 여정의 마지막 몸짓이 신중하고 장중하다. 낭떠러지를 만나 곤두박질하고, 가파른 계곡에서 미끄러질 때 아찔했던 순간들이 기억 속에는 악몽으로 남아 있을 것이다. 산촌에서 물레방아를 돌려 농부들의 수고를 덜고, 논밭에 들어가 작물을 어루만지며 보람도 느꼈을 것이다. 한 때는 댐에 갇혀 지루한 시간을 보내기도 했지만 크고 작은 물고기들과 어울려 보낸 즐거움도 있었고, 수많은 지류에서 모여든 친구들과 만나 평야를 함께 지날 때는 콧노래를 부르며 힘을 과시하기도 하였을 것이다. 낙동강을 볼 때마다 고향집이 생각난다. 흐르는 낙동강 물속에는 분명 우리 집 앞을 흘러온 냇물이 섞여 있어 고향 소식을 전해들을 수 있을 것이라는 믿음을 갖는다. 낙동강은 언제나 떠나온 고향처럼 포근하고 정다운 느낌을 준다.

한 해 농사 중 물이 가장 필요한 시기는 모내기철이다.

지금은 수리시설이 잘되어 있어서 물 걱정. 가뭄 걱정 없이 안정적으로 농사를 짓는 세상이 되었지만 이전에는 오직 하늘에서 내려오는 빗물에 의존해서 농사를 지었었다. 이 시기에 내리는 비는 벼농사에 절대적인 영향을 미치는 존재로 특별히 귀한 대접을 받았다. 절기상으로 망종과 하지 사이. 이때 비가 적당히 내리면 풍년을 예상 하지만 반대로 가뭄이 오래 계속되면 다음해 식량을 걱정해야하는 심각한 상황에 처하게 된다. 모내기를 마친 논이나 그렇지 못한 논이나 농민들의 마음과 함께 타들어가기 마련이다. 가뭄의 징조가 나타나면 민심이 흉흉해지고, 유언비어가 나돈다. 급기야는 인근 주민들이 높은 산에 올라가 명당자리에 몰래 썼다는 묘를 수색하고, 기우제를 지낸다. 우연의 일치인지는 알 수 없지만 간혹 때 맞춰 비가 내린 예가 있긴 하지만 그렇지 못한 경우가 더 많았다. 농민들의 간절한 소망과 믿을 곳·기댈 곳이 없었던 절박한 심정이 엿보이는 대목이다. 한 편으론 물싸움이 시작된다. 서로 자기 논에 물을 끌어 대기위한 몸부림이다. 정해놓은 순서도 소용없고, 논리도 씨가 먹히지 않는다. 아침에 형 동생하며 나눈 인사도 저녁때가 지나면 이놈 저놈으로 바뀐다. 해마다 이맘때 볼 수 있었던 연례행사였다. 물·공기·태양·빛·불·소금·먹거리……. 어느 것 하나 사람들의 삶에 소중하지 않은 게 없다. 그러나 이들에 대한 고마움을 잊고 지낼 때가 많아 그들에게 미안한 마음 감출 수 없다. 이처럼 소중한 자원을 아끼고 보전하여 후손들에게 물려줄 책임과 의무가 있다는 사실을 깨달아 자연을 아끼고 보전하는 일에 모두가 앞장서야 하겠다. 아울러 물의 교훈을 본받아 실천하는 사람이 많아지면 많아질수록 인간의 본성이 살아나 살기 좋은 세상이 되지 않겠는가?

겨울 산행

소한 추위가 맹위를 떨친다. 보행이 불편할 정도로 두툼한 등산복을 꺼내 입고, 방한모까지 눌러 썼지만 콧잔등과 양쪽 볼이 금세 홍당무가 되어버린다. 한파가 매섭기는 하나 산으로 향하는 발걸음을 멈추게 하지는 못한다. 산에 오르면 마음이 하나 되는 벗들을 만난다. 숲과 오솔길·물과 바위를 만나고, 우리처럼 산이 좋아 모여든 이름 모를 벌레와 새들이 마중을 나오기 때문이다. 산은 계절 따라 서로 다른 무대를 꾸미고, 환상의 향연을 펼치면서 상대의 친소나 귀천을 가리지 않고 초대장을 보내 기쁨과 가르침을 베푼다. 한낱 새들의 지저귐이나 풀벌레의 날개 짓 하나도 허투루 여기지 않고, 속세의 시시콜콜한 이야기까지 경청해주는 진솔한 친구가 되고, 때로는 심오한 자연의 섭리와 지혜를 깨우쳐주는 스승이 되어주기도 한다. 그러나 자신의 자랑이나 생색을 내는 일이 없으며 대가를 받지도 않는다.

산은 겸허하고, 인자하고, 단호하다. 간혹 자신을 얕잡아 보고 함부로 대하는 친구가 있어도 내색하지 아니하고, 어린아이의 재롱을 즐기는 노인처럼 너그럽다. 그러나 도를 넘는 무모함에는 가차 없이 엄한 벌을 내린다.

자주 오르내리던 길이 오늘은 처음 걷는 길처럼 낯설다. 언제나 밝은 얼굴로 살갑게 길을 내어주던 황톳길이 얼어붙어서 딱딱한 얼음바닥으로 변하였다. 온정마저 얼어붙었는지 평소와 달리 쌀쌀하고 인정미가 없다. 가파른 비탈길을 지나 약수터에 이르렀을 때 뒤따라오던 누군가가 탄성을 질러 일행을 불러 세우고, 길섶을 가리키며 호기심을 발동한다. 일행도 우르르 오던 길을 돌아가 호기심 대열에 동참한다. 그곳에는 진달래 한그루가 성급하게 꽃망울을 터트려 놓고 갑작스럽게 찾아온 추위가 달갑지 않은 듯 몸을 움츠린 채 조심스럽게 서 있다. 멀지 않은 곳에서는 노랗게 꽃을 피워 올린 개나리도 눈에 띈다. 시선을 돌려 주위를 살펴보니 나무마다 통통하게 물이 오른 연두 빛 가지에 꽃눈인지 잎눈인지 봉긋봉긋 새 움을 틔워 매달고 있다. 그 모습들이 어찌나 앙증스럽고 귀여운지 일행은 한참동안 현장학습을 나온 초등학생이 된다. 바로 눈앞에서는 세찬 바람과 동장군이 숲을 협공하고 있고, 여기저기서 터져 나오는 비명과 신음이 산을 송두리째 흔들고 있는데 신통하고 놀라운 일이라며 모두들 흥분을 감추지 못한다. 그러나 이 신음소리의 비밀을 알고 보면 그렇게 놀랄 일도 아니고, 신통한 일이 아닐지도 모른다. 우리가 평소 알고 있었던 상식과 달리 나무와 바람의 싸움에서 승자가 바람과 추위가 아닌 나무일도 수 있기 때문이다. 그렇다면 신음소리의 주인공은 당연히 추위와 바람이 되는 것이다. 이런 의문을 갖게 된 것은 퇴임 후 정기적으로 산행을 시작하면서다. 그러니까 불과 이삼년 전의 일이다. 그전에는 이 싸움의 패자를 나무라고 쉽게 단정했던 탓에 나무를 불쌍하게 여겨 동정하였고, 특히 여름철의 태풍이나 겨울철 찬바람에 부대끼는 나무들을 볼 때는 연민의 정을 느끼곤 했었다. 사실은 바람과 추위에 겁먹을 만큼 나약한 나무는 아니다. 비겁하게 도망을 가거나 현재의 처지를 비관하며 우물쭈물 시간만 보낼 우유부단한 나무도 아니다. 구차하게 살려달라고 애원할 나무는 더더욱 아니다. 이미 늦여름부터 겨울을 예상하고, 살신성인의 심정으로 한 점 한 점 살점을 도려내는 고통을 무릅쓰고 한파에 대한 비책을 마련해 두지 않았더냐. 지금 나무는 혹한과 맞서는 데 그치지 않고, 한걸음 더 나아가 내년 봄 무대에 올릴 꽃과 신록의 향연을 준비하면서 분주한 나날을 보내고 있는 것이다. 옷가지 하나 걸치지 않은 알몸으로 서 있는 겉모습이 얼핏 보기에 앙상하고 초라해 보이지만 이것 또한 착각이다. 다만 속내를 들어 내

보이지 않았고, 법석을 떨지 않을 따름이다. 튼튼한 뿌리에 체중을 싣고, 하늘 향해 뻗은 굳센 팔과 불끈 감아쥔 저 주먹들을 보라. 당당하고 결의에 찬 의연함과 꿋꿋한 기상도 보라. 절체절명의 처지에서도 생명을 지켜내야 한다는 강인한 정신과 강렬한 의지가 핏속에 끓고 있지 않느냐. 추위나 바람 따위를 싸움의 상대로 생각하지도 않을 것이다. 한두 해 전 나에게 깨우침의 단서를 주었을 때처럼 저 꽃들과 앙증맞은 새 움들이 이런 사실들을 죄다 대변해 주고 있다. 나무들은 광풍과 매서운 추위를 이기는데 급급하지 않고 오히려 그들 앞에 연약한 새움을 매달아 담금질을 시키고, 끈질긴 생명력을 불어 넣으면서 바람과 추위의 심술을 거꾸로 이용하는 여유까지 즐기고 있지 않은가.

무한한 생명력을 발휘하여 한 때는 꽃과 신록·한때는 녹음과 화려한 단풍으로 변신하면서 영묘한 신비를 연출하여 벌레와 새들을 불러 모았고, 사람들의 발걸음을 멎게 하여 탄성을 부추기게 한 나무들의 내면에는 태곳적부터 변화무쌍한 생활환경에 맞서면서 생존전략으로 터득했던 그들만의 육아育兒 비법이 있었다. 때문에 지금 눈앞에 서있는 나무들은 하나의 생명으로 잉태되면서 부터 가혹하리만큼 냉혹한 담금질을 감내하였고, 씨앗으로 땅에 굴러 떨어지는 순간부터 철저하게 스스로 견디고, 적응하고, 해결하며 홀로 성장했던 것이다. 어미나무들은 안타까운 심정으로 바라만 볼뿐 새끼나무들에게 젖 한번 물린 적이 없고, 옷 한번 입힌 일이 없으며 일으켜 세워 안아준 일도 없다. 나무들의 교육사전에는 보호라는 단어가 없기 때문이다. 앞으로도 이러한 생존 전략은 계속될 것이고 환경이 어떻게 바뀌더라도 자손 만 만대 번성하며 끈질긴 생명력을 과시하면서 살아남을 것이다. 자연은 스스로 적응하며 준비하고 노력하는 자만을 선호하기 때문이다. 성급히 꽃을 피운 진달래와 개나리에게 탈이 없기를 빌고, 힘찬 응원을 보낸다. 정상으로 발걸음을 옮기면서 집을 지어 비바람을 막고, 냉난방으로 더위와 추위를 피하면서도 날씨를 탓하고, '춥다', '덥다'는 말을 달고 다니는 인간들의 나약함과 과잉보호에 멍들고 있는 우리의 교육현장을 생각해본다.

봄은 봄대로, 여름은 여름대로, 가을은 가을대로, 겨울은 겨울대로 산이 좋아 산에 오르지만 꾸미지 않은 자연 그대로의 수수함과 혹독한 환경 속에서도 강한 생명력을 불태우고 있는 겨울 산에 더 정감이 간다. 숲속의 가족들이 겨우내 애써 준비하고 있는 화려한 봄의 향연이 기다려진다. 집에 돌아와 짐을 정리하다 보니 숲속 친구들이 챙겨준 보약 봉지들이 배낭 속에서 환한 미소를 짓고 있다.

강변공원

가는 겨울 속에 오는 봄이 섞인다. 아직도 늦추위의 심술이 예사롭지 않은 데 간간이 가녀린 봄의 숨결은 슬쩍슬쩍 귓불을 건드리며 희망의 불씨를 지핀다. 사람들의 입에서는 겨울타령이 한창이지만 풀과 나무들은 오래전부터 봄을 즐기고 있었나보다. 땅거죽을 헤집고 모습을 드러낸 새싹들이 처음 보는 세상이 신기한 듯 두 눈을 반짝이며 봄을 칭송하여 노래하고, 물 오른 나뭇가지는 갓 빚어낸 잎사귀를 가지 위에 늘어앉혔다. 성급한 풀 나무는 꽃망울까지 터트려 겨울을 희롱하고, 대지를 덮어 누르던 겨울의 흔적을 한 켜 한 켜 걷어내 유채색으로 수를 놓는다. 겨우내 한파와 눈보라의 횡포를 알몸으로 버티면서 목숨 하나 부지扶持하는 일도 힘들었을 텐데 어느 틈에 무슨 재주로 이처럼 거창한 일을 벌여왔는지 놀라울 따름이다. 견디기 어려운 고통과 시련을 거뜬히 극복하며 소망한 꿈을 차질 없이 펼쳐내고 있는 풀과 나무들의 영묘靈妙한 생명력에 찬사와 응원을 보낸다.

'화명강변생태공원'에도 구석구석 봄기운이 무르익는다. 새싹·새 이파리가 뿜어내는 생명의 에너지가 사람들을 유혹하여 발걸음을 불러 모은다. 산책을 즐기는 사람·걷는 사람·달리는 사람·자전거를 타는 사람·경기장과 운동시설을 이용하는 사람·나물을 캐는 사람·나들이를 나온 가족들이 한데 어우러져 종일 북적댄다. 때로는 친목과 화합을 다지는 체육 문화행사의 장이 되기도 하며 주민들에게 나름대로 여가를 즐기게 하고, 건강까지 챙겨주는 동네의 명소가 되었다. 화명에서 낙동강을 따라 아래쪽으로는 구포나루를 지나 삼락공원에 이르고, 위로는 경남 양산을 거쳐 함안·창녕을 연결하면서 도시의 삭막함과 추한 모습들을 죄다 감싸 안는다. 수천 수 만년. 유유히 흐르는 낙동강과 더불어 사람들의 삶과 애환이 면면히 이어지면서 찬란하게 문화를 꽃피운 역사의 현장이기도하다. 그런데 이곳이 언제부인가 주인의 품을 벗어나 채소를 가꾸는 비닐하우스 단지로 둔갑하더니 낡은 지붕이 주위의 경관을 해치고, 농약과 비료에 찌들어 신음하는 땅으로 전락하면서 문제의 공간으로 주목받아 오다가 최근 낙동강 정비 사업에 힘입어 '화명강변생태공원'이라는 새 이름표를 달고 옛 주인의 품에 다시 돌아왔다. 지금처럼 강변공원이 주민들의 자존심을 살려주면서 주민들로부터 사랑을 받게 되기까지는 많은 시련과 곡절이 있었다. 생계수단을 잃은 농민들의 아픔이 있었고, 환부를 도려내는 대수술과 생태기능을 회복시키는 재활의 노력이 오래 계속되었다. 지금도 공원의 시설과 기능을 보완하고 관리하는 손길이 쉼 없이 분주하지만 이른 아침부터 늦은 밤까지 이곳을 찾는 발걸음이 줄을 잇는다. 공원을 찾는 사람들은 남녀노소 구별이 없고, 계층이 다양하지만 단골손님을 추천하라고 하면 아무래도 노인과 환자들이 그 대상일 것 같다. 젊고 건강한 사람들은 산책이나 가벼운 운동으로 여가를 즐기기 위해 가끔씩 그것도 여유로운 마음으로 이곳을 찾지만 건강에 자신이 없는 노인과 환자들은 운동과 싸우기 위해 절박한 심정으로 계절과 날씨에 관계없이 매우 규칙적이고 의도적으로 이곳을 찾는다. 그리고 이곳을 찾는 일을 하루의 일과 중 최우선으로 삼아 삶의 의지를 다지고 땀을 흘린다. 체험을 통해 '건강'이라는 말이 더 이상 강 건너 불이 아니고, 다른 사람의 것도 아닌 바로 자신의 발등에 떨어진 불이라는 사실을 너무나 잘 깨닫고 있기 때문이다. 특히 불편한 몸을 이끌고 힘겹게 운동장을 돌고 있는 환자들의 모습은 눈물겹도록 안쓰럽다. 이들은 몹쓸 병을 앓거나 예상하지 못한 사고를 당하여 이승과 저승의 경계선에서 오랫동안 헤매다가 많은 것을 빼앗기고 간신히 목숨 하나 구해서 돌아온 사람들이다. 이들에게는 아직도 맞서 싸워야 할 상대가 많다. 불확실한 운명에 대한 불안감이 그 하나요, 후유증에 따른 고통과 불편이 그 하나이며, 모든 것을 결정짓고 마무리하는 시간이 그 하나이다. 이들과 싸움은 결국 자기 자신과 자신이 싸워야 하는 싸움이기에 더욱 외롭고 힘든 싸움이다.

운동장 한 귀퉁이에서 보호자의 부축을 받으며 걸음마 연습이 한창인 중년 여인과 대소변 주머니를 매단 채 쩔룩거리며 묵묵히 운동장 둘레를 돌고 있는 한 노인이 눈길을 끈다. 이 무대에 서기까지의 전 과정이 눈에 선하다. 자신과의 싸움에서 이기고자하는 전의戰意와 자신감이 넘치는 것 같아 그나마 마음이 놓인다. 이들의 모습을 지켜보고 있노라니 십여 년 전의 악몽이 되살아난다. 예고 없이 찾아온 병마는 나에게서 말과 힘을 앗아가고, 시력과 호흡까지 빼앗아 갔다. 많은 사람들에게 신세를 지고, 고생을 시키고, 걱정도 끼쳤다. 저승의 문턱을 셀 수 없이 넘나들면서 불안과 고통과 절망의 늪을 헤매던 일이 영화의 장면처럼 뇌리를 스친다. 구사일생 목숨은 건졌으나 일상생활에 정상적으로 복귀하기까지 칠팔년. 나 자신과 싸우면서 얼마나 지긋지긋하고 힘든 나날을 보냈던가. 싸움의 상대인 나를 너무나 잘 알고 있었기에 더 어려운 싸움이었고, 도와줄 우군이 없는 싸움이었기에 많이 외로웠다. 자신과의 싸움이라고 해서 쉽게 이길 수 있는 싸움은 결코 아니다. 유혹에 넘어가 쉽게 타협하고 포기함으로써 여러 차례 위기를 맞아 헛고생을 하기도 했다. 환자가 병을 이겨내기 위해 가장 중요한 싸움이 자신과의 싸움이고, 피할 수 없는 싸움도 자기와의 싸움이다. 지금 눈앞에서 힘겹게 재활의 의지를 불태우는 환자들의 발걸음도 자신과의 싸움이다. 지금 이 순간 지구촌 구석구석에서 병마에 시달리고 있는 모든 사람들이 자신과의 싸움에서 슬기로운 승자가 되어 제2의 인생을 이어가기 바라는 마음 간절하다. 아무리 고통스럽고 힘들어도 반드시 이겨서 살아 남아야한다. 고통과 시련은 살아 있다는 증거이며 살아 있는 것은 그 자체로서 행복이 아니겠는가? 나를 사랑하는 사람이 있고, 내가 사랑해주어야 할 사람이 있는 것은 살아남아야하는 또 다른 이유이다. 설사 방향조차 가늠할 수없는 칠흑의 밤이 오래오래 계속되더라도 꿈과 의지를 버리지 않고 꾸준히 걸어간다면 반드시 희망의 빛이 다가와 구원의 손길을 내 밀것이다.

자신과의 싸움은 비단 환자들에게만 중요한 것이 아니고, 일상생활에서 누구에게나 중요한 싸움이다. 인품을 닦고, 공부하는 것을 비롯해 모든 일이 극기克己로부터 시작되고 극기를 통해서 발전이 이루어진다. 경쟁사회에서 첫 번째 만나는 경쟁의 상대가 바로 자신이기 때문이다. 경쟁의 첫 관문인 자신과의 싸움에서 패배한 사람은 다른 사람과 경쟁할 경기장에 들어서기도 전에 이미 낙오자가 되고, 험난한 경쟁사회에서 성공을 운운하고, 행복을 꿈꿀 자격마저 박탈당하고 마는 것이다. 잡초는 짓밟혀서 생활력이 강하고, 노지에서 자란 묘목은 비바람을 맞아서 튼튼하다. 사나운 맹수일수록 냉혹하게 모정을 감추고 새끼를 기른다. 아이들을 기르고 가르치는 부모들과 선생님들이 깊이 새겨야 할 대목이다. 우리 아이들은 지금 포근한 온실에서 너무 안일하게 자라고 있다. 스스로 해야 할 일을 어른들이 다 해주고, 잘못을 저질러도 자극받을 기회조차 주어지지 않는다. 길을 잘 못 접어들어도 바른 안내자를 만나기 어렵고, 폭력과 경쟁은 날이 갈수록 심해지고 있다. 혹독한 겨울 속에서 잎과 꽃을 피워낸 풀과 나무들처럼 우리 아이들도 시련과 난관을 거뜬히 이겨내면서 당당하게 자신의 꿈을 펼칠 수 있을 만큼 튼튼하고 강하게 키워야 하겠다. 운동장 둘레의 조명등이 하나 둘 켜지며 밝기를 더해 간다. 환자들의 발걸음이 일반사람들의 대열에 섞이며 힘이 실린다. 불안을 떨치고, 고통을 이기기 위해 깨무는 입술이 바르르 떨린다. 그들의 인내와 노력에 상응하는 보상이 반드시 주어지길 빌고 또 빈다. 모처럼 조성된 강변 공원이 주민들의 사랑 속에서 주민들의 건강을 지켜주는 지킴이가 되고 자랑거리가 되기를 바라는 마음이 간절하다.

노을

물도 고향 물이 좋고, 산도 고향 산이 좋다. 사람도 고향 사람이 그립고, 까마귀도 고향 까마귀가 반갑다. 고향이라는 단어가 앞에 붙으면 한결 반갑고 정이 간다. 노을도 마찬가지다. 어릴 적 눈에 익힌 고향 노을은 정겹고, 환상적이어서 잊으려 해도 잊히질 않는다. 일부러 구경하기 위해 날짜를 고른 것도 아니고, 따로 장소를 선정한 일도 없다. 예고 없이 자연의 순리 따라 스스로 만들어 어느 순간 불쑥 펼쳐내는 향연이기에 보는 이들에게 경이로움과 감동을 불러일으킨다. 우리나라에는 해돋이·해넘이로 이름난 곳이 많다. 친지들과 어울려 수차례 명소라는 곳들을 찾아 가 보지만 고향에서 보던 노을과 비길만한 장관은 여태 보지 못했다.

아침을 여는 태양의 조화는 신비롭고 장중하다. 소리 소문 없이 어둠과 여명을 걷어내고, 잠에 취한 삼라만상의 영혼을 깨워 하루의 행군 시작 팡파르를 울린다. 세상의 좋은 빛깔이란 빛깔은 다 모아서 동쪽 하늘에 드리우고, 세상의 좋은 기운이란 기운은 모조리 끌어다 하루 생활의 동력으로 삼는다. 첫 걸음 부터 당당하고 무게가 실린다. 무엇인가 좋은 일이 생길 것이라는 기대감으로 가슴이 뛰고 부푼다. 사람들은 삼삼오오 짝을 지어 두 손을 모으고, 저마다 소망을 축원 한다. 이처럼 아침노을은 새로운 희망을 여는 하루의 서곡이자 출발점이다. 저녁노을은 태양이 하루의 일과를 마무리하며 매듭을 짓는 장엄한 의식이다. 크고 작은 아쉬움을 뒤로하고, 하루 종일 만물을 보살피는 막중한 사명을 수행하면서 소진한 기운을 재충전하기 위해 남은 열정을 모조리 불태우며 내일의 여정을 준비하는 선순환의 과정이다. 아침 해돋이 때보다 더 여유롭고, 무대도 훨씬 더 화려하게 꾸며 오늘과 내일의 경계선을 긋는다.

신생아의 탄생은 아침놀에 비유된다. 어머니 뱃속에서 나와 삼을 가르고, 우렁찬 고고성으로 탄생을 알리며 세상과 연을 맺는다. 주위의 찬사와 축복이 이어지는 가운데 연습 없는 대 장정의 삶이 펼쳐진다. 거듭되는 시행착오·희로애락의 단맛과 쓴맛을 고루 경험하면서 성숙·완숙의 단계를 거쳐 달관의 경지에 이르게 된다. 인간으로 완성된 이

참모습을 일컬어 황혼 또는 저녁노을에 빗댄다. 먼 길을 돌아온 인생의 노을도 저녁놀처럼 아름답다. 얼굴에 연륜이 묻어나고 언행에 한 치의 벗어남도 모자람도 없다. 중년을 지나면서 외모가 변하고, 신체적 한계가 노출되긴 하지만 어디까지나 외관 일 뿐 내면의 세계는 더 고고한 빛을 발한다.

지금 황혼을 맞고 있는 세대들은 우리나라, 우리 국민을 위해 혁혁한 공을 세운 세대들이다. 사천여년 긴 역사가 이어지는 동안 단 한 번이라도 가난의 굴레에서 자유로웠던 시절이 있었던가? 헐벗고, 굶주림을 숙명으로 여기며 일상을 살아온 불쌍한 백성들이 아니었던가. '하면 된다! 우리도 한 번 잘 살아보자!' 는 기치아래 팔을 걷고 분연히 나섰던 세대들이다. 그리고 이들은 보란 듯이 그 거창한 일들을 뚝심 있게 한꺼번에 해 냈다. 농업 혁명을 이뤄 보릿고개를 역사의 뒤안길로 밀어내었고, 산업화를 성공시켜 한강의 기적을 만들어내었다. 어디 이뿐이랴. 이 땅에 고귀한 민주주의까지 뿌리를 내리게 하지 않았던가. 지하자원도 빈약하고 자본도 부족한 나라. 호시탐탐 북한의 도발까지 발목을 잡는 어려운 여건을 극복하고, 대한민국을 세계 경제 대국으로 우뚝 세운 이 주역들에게 끝없는 찬사를 보내고, 감사의 마음을 갖는 것은 너무나 당연하다. 나아가 어렵게 쌓아 올린 이들의 업적이 더욱 빛나게 하기 위한 국민적 노력을 아끼지 말아야 할 것이다. 아울러 화려한 변신 뒤에는 훌륭한 지도자의 의지와 뛰어난 영도력이 함께했음도 간과해서도 안 될 것이다. 대한민국이 자랑스럽고, 국민으로서 무한한 자부심을 느낀다. 당사자들은 이 세상에 와서 나라와 후세들을 위해 해야 할 일을 다 했다는 큰 자부심으로 여생을 느긋하게 즐기면서 산 증인이 되어주고, 지혜의 샘이 되어주고, 존경 받는 황혼의 주인공으로 영원히 남기를 고대 한다.

노년의 황혼은 살아온 삶을 되돌아보고 정리하는 시간이다. 지난 세월 나와 가족을 위해 땀 흘리고, 이익을 챙기는데 충실 했다면 이제 이웃과 공동체로 관심과 시야를 돌려야할 때다. 경쟁의 삶을 더불어 사는 삶으로 바꾸고, 인간관계에서 얽히고설킨 실타래를 모두 풀어 이해하고, 포용하는 너그러움을 보여주어야 할 때다. 욕심의 사슬을 벗고, 마음을 비워 베풀어야할 때다. 터득한 지혜와 노하우는 후배들에게 전수하고, 모두에게 감사하는 마음으로 돌아가야 할 시간이다. 천진난만한 어린애로 탈바꿈하는 시간이다. 노년의 은은한 향기는 길이길이 후손들에게 전해지고 훌륭한 귀감이 될 것이다

향수

해가 서산으로 기울고 어둑어둑 어둠발이 내려 깔리면 아련한 추억에 끌려 고향 동구洞口에 서 있는 나를 자주 발견한다. 매캐한 저녁연기와 김치 국밥 냄새가 코를 자극하며 반긴다. 왁자지껄 놀이터에서 터져 나오는 아이들의 소리 가운데 경희와 영수의 목소리가 가장 또렷하게 들린다. 마을 앞 도랑에 아이들이 물장구치며 멱 감던 웅덩이가 그때의 모습으로 다가오고, 그 아래쪽에 어릴 적 나를 업어 키우며 누나 역할을 해온 고모가 어른들에 둘러 싸여 시집가던 날 눈물 훔치며 건너던 징검다리가 손을 내밀어 아는 척한다. 내일 날이 밝으면 낯익고 귀에 익은 뻐꾸기 소리와 봄 동산을 꾸미느라 분주한 꽃들도 만날 수 있겠지. 동네 위쪽에서 마을을 든든히 지키는 덩치 큰 바위도 자태가 예전처럼 믿음직스럽다.

교직생활을 시작할 무렵 상당기간 시골집에서 어머니가 지어주시는 밥을 먹고 출퇴근을 했다. 아이들과 쉽게 가까워지고 정이 들면서 출근시간을 꼽아 기다리다가 교정에 들어서서 뛰는 가슴으로 아이들을 만나 하루 일과를 시작하고, 헤어지는 아쉬움으로 하루를 접었다. 좋은 직업·좋은 적장을 선택했다는 자부심으로 가슴이 벅차오르고, 잘 해낼 수 있다는 자신감까지 붙어 시간이 흐를수록 만족과 행복 속으로 빠져들었다. 군 복무를 위해 휴직을 할 때까지 약 두 달. 짧다면 짧은 시간이었지만 나에게는 아주 소중하고, 의미 있는 나날이었다. 학교 현장의 생리를 나름대로 체험했고, 아이들에게 다가서는 방법도 터득했다. 선배 동료 선생님들과 어울리며 직장인으로서의 바른 자세와 본받을 점을 발견했고, 교사가 마땅히 챙겨 가져야할 사명감을 인식하였으며 학부님들의 요구와 지역사회 유관기관들과의 유대관계에 대해서도 깊은 관심을 갖게 되었다. 햇병아리 교사에게는 천금 같은 훈련과 실습의 시간이 되었다.

당시는 음주문화가 지금과 달라서 선후배 선생님들과 함께 술자리에 어울리면 늦은 밤까지 계속되는 경우가 많았다. 나누는 대화가 주로 선배님들의 경험담이고, 학교를 중심으로 일어나는 일들이라 교직생활을 처음 시작하는 초보교사의 관심을 끌기에 충분하였다. 흥미진진하게 이야기를 이끌어 가는 선배님들의 화술도 한 몫 하여 시간가는 줄 모를 때가 많았다. 술자리를 파하고 집에 돌아오면 일을 하고 계시던 아버지와 어머니께서 헛기침으로 경고를 보내신다. 나의 귀가를 애태우며 기다리셨으리라 짐작된다. 낳아 기르고, 애써 공부까지 시켜주었는데 고작 술 마시고 늦게 귀가하는 좋지 못한 모습부터 보여주니 우려와 실망이 오죽하였으랴. 당신들의 마음을 깊이 헤아리지 못한 부족함과 송구스러움이 일시에 몰려와 잠 못 이루는 밤이 많았다.

어릴 적 겨울은 대단했다. 뒷산을 스쳐온 바람이 감나무 가지와 문풍지를 사정없이 울리고. 지리산에서 싣고 온 눈으로 골짜기를 뒤 덮으면 순식간에 얼음 옷으로 변한다. 한번 쌓인 눈과 얼음은 봄이 올 때까지 녹을 생각은커녕 자꾸 눈을 불러와 두께를 더해간다. 철부지 우리들은 멋진 자연 놀이터가 펼쳐지니 신이 나서 반겼지만 어른들은 땔나무와 식량과 가족들의 옷 걱정으로 한숨소리를 높였을 것이다. 군 복무를 마치고 다시 전임학교에 복직하여 새롭게 직장생활을 시작했다. 한동안 음주와 늦은 귀가 때문에 생기는 부모님의 우려를 덜어드리기 위해 노력했으나 결과는 시원찮았다. 아들의 건강과 품위를 염려하는 당신들의 마음이야 십분 이해하지만 직장과 가정의 상황과 분위기는 너무 달랐다. 직원 수가 적은 소규모 농촌학교에서 정과 의리를 중시하는 동료사회의 오랜 문화를 외면하는 일이 말처럼 쉽지 않았기 때문에 이런 사정의 전말을 부모님께 소상히 말씀드리고, 양해를 구하는 방법을 선택했다. 귀가 시간은 다소 융통성 있게 허용 해주셨고, 건강과 품위를 잃지 않도록 주량을 대폭 줄이라는 당신들의 권고를 받아들이기로 했다. 약조를 지키려고 무던 애를 썼으나 사람이 하는 일이라 쉬운 일이 아니었다. 주량이 도를 넘는 날이 슬금슬금 늘어갔다. 이런 날은 술 마신 흔적을 지우기 위해 도랑에 내려가 입을 헹구고, 세수를 하는 등 부산을 떨다가 마을 수호신 큰 바위에 올라 자성의 시간을 갖곤 했다. 그것도 한두 번이지 빈도가 자꾸 늘어 나 부모님들이 벌써 이런 기미를 알아채고 있었을 것이라는 생각이 들 때가 많았다.

그 날은 유난히도 달이 밝았다. 보름 아니면 하루 이틀 전후였을 것으로 추정된다. 성황당을 지나 동구에 막 들어서는 순간 눈앞에 펼쳐진 경이로운 경관이 나의 발걸음을 멈춰 세웠다. 전에는 느껴 보지 못했던 진귀한 풍경이었다. 동네가 자리한 골짝 전체가 아늑한 달빛을 받아 하나의 은쟁반이 되었고, 산·들·나무·냇물이 은쟁반 위에 근사하게 자리를 잡아 거대한 한 폭의 산수화가 되어 나를 희롱하였다. 달빛과 눈얼음의 합작이거나 아니면 신의 작품이었음이 분명하다. 하늘의 별들이 조역을 맡은 듯 전면에 나서지 않고 은근히 분위기를 만들어 가는 가운데 반딧불이가 갓 빚어낸 빛깔처럼 은은하면서도 영롱한 빛과 그 빛이 만들어낸 그림자가 조화를 이루어 신비로움을 자아내 금방이라도 하늘에서 신선과 천사들이 내려와 한 판 공연을 펼칠 것 같은 분위기다. 가끔 부엉이 소리가 바람을 비껴 한적하게 들려 올뿐 숨소리까지 빨아들일 듯 고요함이 긴장감을 고조 시켜 갔다. 우리 동네가 참으로 아름답고 좋은 동네라는 사실을 그날 밤 처음 느끼고 알았다. 이상야릇한 분위기에 끌려 그날도 큰 바위에 올랐으나 평소와는 달리 조금 전 보고 느꼈던 흥분이 가시지 않아 동네를 내려다보며 한 동안 많은 것을 생각했다. 그날 그 진귀한 풍경은 영원히 잊을 수가 없다.

온난화 현상으로 겨울이 없어졌다는 말이 있다. 그렇게 자주오고, 한번 내리면 무릎이 빠질 정도로 많이 내리던 눈과 얼음이 어디로 갔는지 자취를 감춰버렸다. 요즈음은 눈과 얼음이 귀한 존재가 되어 구경조차 하기 힘들게 되었다. 더욱 안타까운 것은 그 속에서 뛰어놀던 아이들마저 함께 사라졌다는 사실이다. 세차게 몰아치던 겨울바람·펑펑 쏟아지는 함박눈·녹을 줄 모르던 얼음이 모두 그립다. 아이들과 함께 이들이 손잡고 돌아오길 고대한다.

4부
넓은 세상

화산이 만든 섬 제주 | 꼬마 등산대 | 설악산 봉정암
아! 금강산 | 보시의 나라 미얀마 | 기지개 켜는 중국
작지만 강한 나라 일본

화산이 만든 섬 제주

72년 여름방학을 맞이하여 제주도 관광을 다녀왔다. 평소 여행을 많이 하지 않은 탓에 이번 제주여행은 각별한 경험이 되었다. 우물 안 개구리가 모처럼 우물을 벗어나 바깥세상을 돌아보는 시간이 얼마나 짜릿하고 즐거웠는지 모른다. 큰마음으로 한 달 봉급을 쾌척하여 직장동료 두 사람과 함께 9박 10일간의 배낭여행의 장도에 올랐다. 초등학교 다닐 때 배운 호남평야를 가로 질러 광주-목포로 향하는 동안 차창 밖에 끝없이 펼쳐지는 들판과 띄엄띄엄 엎드린 낮은 산과 동네를 보며 산촌에서 느낄 수 없는 편안함과 여유를 맛보았다. 호남평야는 우리나라 제1의 곡창이다. 산촌과는 농사짓는 방법도 다르고, 사람들의 생활 모습도 많이 다를 것이라는 생각이 들었다. 바다냄새가 상큼한 목포항에 도착하여 들뜬 마음으로 여객선에 몸을 맡겼다. 처음 대하는 항구와 여객선의 모습이 퍽 인상적이었다. 8시간이 넘는 항해가 지루할 만도 한데 처음 여객선을 타는 기대감과 지평선에 올망졸망 떠 있는 크고 작은 섬들을 구경하느라 시간 가는 줄 몰랐다. 어릴 때 산자락에서 동경하던 바다! 배·수평선·파도·갈매기를 원 없이 보고 즐겼다. 우리 일행은 어두워질 때까지 갑판에서 뱃전에 부서지는 물보라와 주위의 경관에 눈을 떼지 못했다. 지도 위에서 손가락 하나로 가릴 수 있는 목포와 제주 사이의 바다가 이처럼 광활하니 지구의 넓이와 부피가 어느 정도 인지 가늠이 되지 않았다. 시간이 지날수록 배 멀미하는 사람이 늘어났다. 화장실 앞에 멀미하는 사람들이 장사진을 이루고, 객실에도 사람들이 뒤엉켜 고통을 참느라 신음하고 있었다. 다행이 우리 일행은 멀미가 피해갔다.

이튿날 아침 희미한 안개 속에 대망의 섬 제주도가 신비한 자태를 들어냈다. 이국적인 느낌이 물씬 풍기는 시가지를 왼쪽으로 돌아 제주도의 관문 용두암을 찾았다. 용이 고개를 치켜세우고 솟아오르는 모습을 하고 있어 용두암이란다. 화산이 폭발할 때 마그마가 굳어서 생긴 기암들이 파도가 몰고 온 물거품으로부터 생명력을 공급받아 금방이라도 하늘로 치솟을 것 같은 장관을 연출하고 있었다. 200여m 떨어진 곳에 용연이라는 좁은 연못이 있었다. 냇물과 바닷물이 만나는 지점에 양쪽으로 7-8m 높이의 기암이 병풍처럼 둘러서 있는 용의 놀이터라 한다. 용연 위 출렁다리에서 내려다뵈는 바다 경치도 아름다웠지만 출렁출렁 다리를 건너는 재미도 있었다. 제주 시가지로 들어와 삼성혈을 탐방하였다. 제주의 삼성三姓 고高씨, 양良씨, 부夫씨의 시조인 세 신神이 나왔다는 굴 안에 세 개의 입구가 뚜렷이 보였다. 사적 134호로 지정되어 보호받는 성소聖所란다. 첫 밤은 ㄱ선생님의 제씨 댁에서 묵었다. 현지 사정을 잘 아는 제씨의 도움을 받아 여행 계획을 대폭 수정하였다. 버스·택시·도보로 섬을 시계방향으로 돌면서 명소중심으로 탐방하되 가끔 자연 마을에 들려 언어·풍습·취락 등을 알아보기로 했다. 한라산 등반은 일기정보를 참고하여 적기에 실행하며 숙소는 객실료가 저렴한 여관급 시설을 이용하기로 했다.

셋째 날은 먼저 만장굴과 사굴(뱀굴)을 관람했다. 두 굴은 같은 위치에 나란히 있었다. 화산이 폭발할 때 용암의 침하작용으로 생긴 천연 동굴이며 만장굴은 8928m. 사굴은 705m로 내부는 석주와 종유석이 기기묘묘한 모습으로 반긴다. 며칠 뒤 탐방한 협재굴도 같은 형태의 동굴인 점을 감안하면 제주도 전역에 이와 비슷한 굴이 많이 산재해 있는 것으로 짐작된다. 이어 자연 마을 두 곳을 둘러보고, 김녕 해수욕장에서 해수욕을 즐겼다. 저녁 식사 후 보고들은 것을 정리하고 내일의 관광 계획을 세운 뒤 곤한 잠에 빠져 들었다.

넷째 날은 구좌면 소재 문주란 자생지를 구경하고, 성산의 기암을 돌아보았다. 99개의 석봉石峯이 성곽모양을 하고 있어 성산城山이라 부르며 여기서 바라보는 해돋이를 성산 일출이라 부른다고 한다. 이어 혜림사를 방문하고, 표선 소재 제주민속촌을 탐방하여 제주의 가옥과 주거문화·풍습·방언 등을 알아보았다. 이튿날은 서귀포의 정방폭포·천지연 폭포·외돌괴·약천사를 중심으로 탐방하였다. 남제주에는 바다와 육지의 경계면이 대부분 절벽이어서 폭포가 많단다. 정방폭포는 중국 진시황이 불로초를 구하기 위해 사신을 보냈다는 전설로 유명한 폭포다. 마침 수량이 많아서 폭포의 힘찬 물줄기와 물보라가 연출하는 폭포의 진수를 볼 수 있었다. 이어서 도보로 약 30분 거리에 있는 천지연 폭포를 구경했다. 폭포에서 떨어지는 시원한 물줄기와 바다의 푸른 경관이 어우러져 이마의 땀을 시원하게 식혀주며 뭉클한 감동까지 선사하였다. 점심을 먹고 약천사로 향했다. 약천사가 자랑하는 대적광전은 콘크리트 지하2층 지상 5층 통층 건물로 동양최대를 자랑하는 건물이라고 안내판이 자랑한다. 장엄하고 이국적인 모습이 인상적이었으며 중문 앞바다가 한 눈에 들어오는 명소였다. 약천사에서 발길을 돌려 외돌괴로 향했다. 해안을 따라 절벽과 기암괴석이 운치를 만들어 내며 일행을 반기는 데 그중 범상치 않은 바위하나가 눈에 들어온다. 외롭게 홀로 서있는 바위라 외돌괴라 부른단다. 주위의 지형지물과 조화를 이루어 멋진 경관을 연출하고 있었다.

6일째. 중문의 천지연폭포와 대포해안의 주상절리를 중심으로 탐방하였다. 중문의 천지연 폭포는 아름다운 계곡과 희귀식물로 알려진 팔담수가 인기를 모은다는 데 너무 거리가 멀어 자세하게 관찰하지 못했다. 서귀포의 정방폭포·천지연 폭포·중문의 천제연폭포를 제주 3대 폭포로 꼽는데 모두 20m가 넘는 높이에서 수직으로 떨어지며 일으키는 물보라가 기암괴석의 암벽에 우거진 노송과 어우러져 장관을 이루고 있었다. 대포해안 주상절리는 중문에서 대포에 이르는 2km에 넓게 형성된 돌기둥들이 연출하는 절경이다. 뜨거운 용암이 식어 부피가 줄어 들 때 수직으로 쪼개짐으로서 만들어진 것으로 대개 5-6각형의 모양을 하고 있었다. 자연의 위대함과 신비스러움이 놀라울 따름이다.

이레째 되는 날은 서귀포 안덕면에 있는 산방굴사와 제주조각공원·안덕계곡과 자연마을 한 곳을 탐방했다. 온통 절벽으로 이루어진 산방산 중턱에 천연의 바위굴에 불상을 모셔 놓고, 스님들이 수도를 하고 있단다. 굴사 안에서 내려다보는 바다 경치가 일품이었다. 영주10경중 하나로 손꼽히는 제주의 명소라고 한다. 조각공원과 마을을 탐방하고 안덕계곡 시원한 물에 발을 담그고 모처럼 휴식을 취하며 내일 예정된 한라봉 등정의 성공을 기원하였다. 드디어 8일째. 한라산 등반에 나섰다. 버스를 타고 제주시와 서귀포를 잇는 5.16 도로를 달려 성판악 휴게소에 올랐다. 여기가 도보 산행의 출발점이다. 3km거리에 있는 해발 1215m 성판악을 지나 남한 제1의 거봉 1950m 한라산 정상까지 약 3시간이 걸렸다. 우리 일행은 간편한 복장으로 간식만 챙겼기 때문에 힘 안들이고 다른 사람들보다 일찍 정상을 밟았다. 가끔 구름이 지나갔으나 택일을 잘한 덕분에 맑은 날씨를 만나는 행운을 얻었다. 제주 전역이 발 아래로 내려다보이고, 망망대해너머로 대마도의 자태까지 확인할 수 있었다. 말로만 듣던 백록담에 내려가 발을 담그고 손을 씻으니 감개가 무량하였다. 물위에 뜨는 부석이 신기해서 백록담 탐방 기념으로 몇 개를 구입해서 일행이 나누어 가졌다. 탐방 마지막 날은 종일 함덕 해수욕장에서 휴식을 취하며 여행을 마무리하였다.

꼬마 등산대

가까운 친구들과 지리산 산행을 하게 되었다. 칠십을 넘긴 나이도 나이지만 길랑-바레 증후군이라는 병의 후유증으로 한동안 등산을 못하다 최근에야 집 근처 야산 주변에서 몸을 풀며 산책을 즐기는 정도였는데 남한의 두 번째 거봉 지리산 산행에 도전하는 일이 무모하다는 생각이 들어 긴 시간을 망설이다가 생애 마지막 기회가 될 수 있다는 벗들의 간곡한 권유를 끝까지 뿌리치지 못했다. 체력을 감안하여 중산리에서 출발하여 법계사·장터목·천왕봉으로 이어지는 최단거리 코스를 택했다. 당일 돌아오는 일정이라 짐을 최대한 줄였으나 불안한 마음은 떨칠 수 없었다. 예정대로 그날 새벽 부산을 출발하여 해 뜰 무렵 중산리에 도착하여 일정을 시작했다. 일행 중에 천왕봉 등정 100회 달성을 눈앞에 두고 있는 친구가 있어 그와 동행하면 언제나 마음이 든든했다. 법계사까지는 그런대로 순행을 했으나 정상이 가까워질수록 체력의 한계를 느끼기 시작했다. 수십 차례 다녔던 길이라 눈에 익은 경치와 지형지물이 옛 추억을 불러왔다. 특히 초등학교 아이들과 이 길을 따라 등산을 했던 30여 년 전 추억이 마중을 나와 앞에서 끌고 뒤에서 밀며 도움을 주어 근근이 정상에 설 수 있었다. 불안 속에서 힘들었던 만큼 기쁨도 컸다. 자신감도 다소 회복된 듯했다. 정상의 고고한 자태는 옛날과 다름없고, 사방으로 뻗어나간 골짜기마다 군데군데 드리워진 구름송이가 인상 적이었다. 이번이 마지막 산행일 수 있다는 생각과 인생의 허무함이 일순에 엄습해 왔다. 점심을 먹고 잠간 휴식을 취한 뒤 하산 길에 올랐다. 하산이 수월할 것이라는 예상은 빗나가고 마지막 십 여리를 남겨둔 지점부터 쉬다가 걷다가를 반복하면서 힘들게 산행을 마무리 했다.

1984년 여름 방학을 이용해 지리산을 다녀왔다. 반송초등학교에서 6학년을 담임하고 있을 때다. 우리 반 아이들을 대상으로 지리산 등반대원을 모집했다. 학부모들의 동의를 얻어 최종 남학생 다섯, 여학생 셋 모두 여덟 사람이 희망하였다. 겉으로 보기엔 건장한 아이들이었지만 도심에서 온실 화초처럼 자란 아이들이라 어른들도 힘든 산행을 감당할 수 있을지 걱정이 앞섰지만 전전임지 마천초등학교 재직 시절 동네 앞산처럼 자주 오르내린 경험이 자신감을 충동질했다. 중간 상황을 파악하여 여차하면 경치 좋고, 안전한 곳에서 야영활동으로 대처한다는 복안까지 마련해 두었다. 장기 예보를 참작하여 날을 잡아 계획을 세우고 꼼꼼히 준비를 마친 뒤 2박 3일의 장도에 오르게 되었다. 환송 나온 학부모들의 얼굴에서 기대감과 미심쩍은 마음이 동시에 읽혔다. 여자아이들을 돌보기 위해 처제까지 동원되어 총원 열 명의 단원이 되었다. 중산리에 도착하여 배낭을 챙겨지고 산행을 시작했다. 식량과 취사도구·천막과 침구·각종 도구들을 나누어 짊어 졌으니 아이들에게는 결코 가벼운 짐이 아니었다. 그러나 이 꼬마등반대원들은 힘든 기색은커녕 쉼 없이 웃고 재잘거리며 잘도 올라갔다. 이번 산행에 대한 기대감도 내 비쳤다. 중간 중간 자주 쉬면서 경치도 구경하였다. 칼바위를 지난 지점에서 점심을 지어 먹었다. 자기들 손으로 직접 지은 밥. 아마 평생 잊지 못할 식사가 되었을 것이다. 스쳐지나가는 등산객들이 경이로운 눈으로 칭찬과 격려를 아끼지 않았다. 시간이 남아 있었으나 법계사와 장터목 중간 지점에서 야영을 준비하고, 저녁 식사를 했다. 출발 때 어색 하던 남자와 여자아이들이 어느새 서로 도우며 손발이 척척 맞았다. 집과 식구들을 떠나 지리산 8부 능선에서 발아래 마을의 불빛과 하늘의 별을 번갈아 보며 경험하는 신비로운 밤이 많이 짧았을 것이다. 흥분을 감추지 못한 아이들이 한참을 조잘거리더니 10시를 넘기지 못하고 곤한 잠에 빠져들었다. 다음 날 일찍 식사를 마치고 정상을 향했다. 이번 산행에서 가장 힘겨운 코스다. 깎아 세운 듯 가파른 돌길이 정상까지 이어졌으나 우리 대원들은 아랑곳 하지 않고 거침없이 올라갔다. 준비 과정에서의 불안은 기우에 지나지 않았다. 우리 어른들 보다 훨씬 가뿐하게 정상을 밟았다. 장한 우리 대원들이 큰일을 해낸 것이다. 지리산 천왕봉에서 우리대원들은 등산객들의 귀여움을 독차지하며 진하고 매우 의미 있는 추억을 새겼다. 평생 지리산 천왕봉 구경을 못하는 사람이 대부분인데 초등학생으로 경험·추억·자랑거리를 한꺼번에 만든 것이다. 하산은 비교적 순탄한 백무동 코스로 잡았다. 길이 넓고 평탄하여 어려움은 없었다. 대원들은 지친 기색 없이 그늘 사이로 상큼한 산 냄새를 맡으며 백무동 나들이 폭포에 안착하였다. 맑은 물소리 벗 삼아 점심을 해 먹고, 멱을 감으며 휴식을 취하다가 해거름 무렵 마천초등학교 교실에서 여정을 풀었다. 당직선생님의 특별한 배려가 있었고, 옛날 하숙집 아주머니께서 과자와 과일을 가져와 대원들을 격려해 주었다. 전화를 통하여 부모님들께 상세하게 상황을 전하고 내일의 시정을 알려드렸다. 저녁식사를 마치고 운동장 느티나무 아래서 술래잡기 놀이를 하고, 지난밤 익힌 별자리 복습을 했다. 가족과 친구들에게 들려줄 산행 이야기를 정리하고, 개구리들이 펼치는 교향악단의 공연을 감상하며 마지막 여정을 마무리하였다. 다음날 학교에 도착하니 어머니들이 반겨 맞으며 대견한 아들과 딸을 끌어안으며 흐뭇해하였다.

어린이들의 잠재력은 무궁무진하다. 이번 산행에서 보았듯이 어른들이 알고 있는 그런 철부지들이 아니다. 연약하지도 않다. 체력도 장정들 못지않다. 생각도 풍부하고 유연하고 깊다. 지식을 습득하고, 기능을 익히는 능력은 어른들보다 훨씬 뛰어나다. 조기 교육과 조기체험이 중요한 이유이다. 특히 극기심이나 지구력·인내심·자립심·책임감 같은 덕목은 어릴 때부터 관심을 가지고 꾸준히 지도해야 효과를 거둘 수 있는 것들이다. 모처럼 가정을 벗어난 대자연의 품에서 호연지기를 경험하였고, 스스로 땀 흘려 얻어낸 즐거움과 행복이 진정한 즐거움이요. 진정한 행복이라는 진리를 깨닫는 계기가 되었다는 점에서 매우 의미 있고 유익한 산행이었다고 평가 된다.

설악산 봉정암

계절은 어김이 없다. 기승을 부리며 숨통을 틀어막던 불볕더위도, 지루하던 장마도, 사람들의 가슴을 졸이게 하던 공포의 태풍도 모두 기억에서 희미해지고, 성큼 다가선 맑은 하늘과 살갑고 감미로운 가을 기운에 익숙해지고 있다. 매미 소리 들으며 땀을 식히던 녹음 짙은 그늘보다 햇볕이 살짝 내려앉은 양지쪽에서 더 도타운 정을 느낀다. 화제의 빈도를 점점 높여가는 단풍소식이 단풍놀이를 꿈꾸고 있는 사람들의 마음을 한껏 부풀리며 부채질한다. 추분도 지나고 한가위도 이미 지났으니 당연한 현상이라 여겨진다. 고개를 들어 주위를 둘러보니 가로수들은 벌써 노랑 물감을 뒤집어썼고, 가까운 산자락은 울긋불긋 새 옷으로 단장하느라 분주한 모양새다. 마침 이때 고등학교를 같이 다닌 한 친구로부터 전화를 받았다. 좋은 기회가 생겼으니 모처럼 단풍구경도 할 겸 체력단련 도 할 겸 설악산에 한번 다녀오자는 제안을 해왔다. 지난여름 지리산 등산을 함께하면서 나를 진심으로 도왔던 가까운 벗이다. 십여 년 전 길랑-바레 증후군이라는 질병을 앓고, 그 후유증 때문에 친구들과 소원疏遠하게 지내오면서 마음에 빚을 안고 사는 입장에서 친구의 청이 고맙기도 하고, 미안하기도 했다. 내 이야기를 전해들은 딸 내외가 산행에 동참해 우리내외를 돕겠다고 앞장서니 용기가 생겨났다. 아직 체력이 미덥지는 않으나 지난 번 지리산 등반에 참석하여 무사히 다녀왔던 경험을 떠올리며 2박 삼일 설악산 등산 여정에 합류하기로 했다.

정해진 시간에 정해진 장소에 나가니 관광버스가 대기하고 있었다. 모르는 사람들 속에 우리 식구 넷과 친구 둘이 편승을 하게 되었다. 봉정암 철야기도에 참여하기 위한 불교신도들이 대부분이었고, 우리처럼 편승한 사람들도 몇 팀이 있었다. 출발 하면서 이번 행사의 책임자가 대강의 산행코스와 함께 일정과 유의사항을 안내하였다. 백담사 - 영시암 - 오세암 - 관음폭포 - 봉정암 - 대청봉 - 천불동계곡 - 비선대 - 신흥사를 경유하는 코스라 했다. 은근히 기대했던 내설악 한계령 쪽의 명소들이 코스에서 빠진 것이 아쉬웠다. 군복무 시절 울진 삼척지구 무장공비 침투 시 우리 부대가 작전을 펼쳐 전공을 많이 세웠던 추억어린 지역이었기 때문에 한 번 가보고 싶었지만 설악산의 또 다른 면모를 볼 수 있다는 기대감으로 부풀었다. 백담사에 이르는 동안 이번 등산의 세부 일정과 지켜야 할 약속. 유념할 점들에 대하여 중간 중간 자세한 안내가 있었을 뿐 비교적 자유로운 분위기에서 끼리끼리 이야기를 나누기도하고, 명상을 즐기거나 잠을 청하는 사람들도 있었다.

이른 새벽 부산에서 출발하여 오후5시가 넘어서야 백담사에 도착하였다. 백담사는 먼 곳에서 어렵게 찾아온 우리들에게 수수하면서도 산뜻한 모습으로 다가왔다. 내설악 입구 한적한 곳에 자리 잡아 넓은 대지垈地 위에 단순하면서도 짜임새 있게 건물들이 배치되어있어서 여유롭고 한가로운 멋을 풍기면서도 주위의 원시림과 산수를 거느린 아름다운 경관과 조화를 이루어 외견상 품위 있는 모습을 연출하고 있었다. 특히 사찰 앞을 흐르는 맑은 물과 주변의 바위와 돌들이 하나 같이 깨끗하고, 모양이 예뻐 퍽 인상적이었다. 백담사는 신라시대에 자장율사가 창건한 고찰로서 한때 만해 한용운 선생이 이곳에서 수행하여 깨달음을 얻었던 곳이기도 하고. 제6공화국시절 전두환 대통령과 이순자 여사가 귀양 같은 은둔생활을 하여 세상에 널리 알려진 이름 있는 사찰이다. 절에서 정갈스럽게 마련해준 저녁공양을 마치고, 경내와 냇물 주변에 앞서 이곳을 다녀간 사람들이 소원을 빌며 쌓아 둔 돌탑들을 감상하면서 우리 일행들도 나름대로 돌탑을 쌓고, 가족들의 건강과 국태민안을 소망하는 기도를 올리기도 하며 자유 시간을 즐기고, 이내 깊은 잠에 빠져 들었다. 다음날 아침도 절에서 마련한 공양으로 식사를 하고, 봉정암에 오르기 위해 일찍 서둘러 출발하였다. 여기서부터 다음날 최종 목적지 신흥사까지는 일반 등산객들과 어울려 개별적인 행동을 해야 했다. 신흥사에서 버스가 출발하는 시간을 지키는 범위 안에서 자신들의 능력에 따라 시정과 코스를 다소 조정할 수 있는 융통성도 있었다.

백담 계곡에 흐르는 청아한 맑은 물소리를 들으며 평탄한 길을 따라 등산이 시작되었다. 백담 계곡의 맑은 물과 예쁜 바위와 폭포들이 손짓하여 반긴다. 특히 수렴동 계곡의 백여 개 물웅덩이와 빼어난 경관이 눈길을 사로잡으며 우리 일행을 신선으로 만들었다. 이 물웅덩이들 때문에 백담사라는 이름이 붙었다고 한다. 영시암에서 잠간 휴식을 취한 뒤 한용운 선생이 득도를 하고, '님의 침묵'이라는 명시를 남겼다는 오세암을 근거리에 두고, 빠듯한 일정상 아쉬움을 남기고 봉정암을 향해 걸음을 옮겼다. 봉정암이 가까워질수록 길의 경사가 급격히 가팔라지고, 험악해졌다. 숨이 막히는 험로가 400여m 가량 이어졌다. 이 코스에서 가장 힘든 구간일 것 같았다. 사람들은 이지점을 해탈고개 또는 깔딱 고개라고 부른다고 한다. 오죽하면 이런 이름이 붙었을까? 안간힘을 다해 근근이 봉정암에 당도하여 막힌 숨을 토했다. 내친김에 대청봉 일몰을 보기위해 정상까지 강행군을 하는 사람들도 있었으나 우리 가족과 일행은 체력을 보충하기 위해 휴식을 취하면서 경내 산책과 사리탑 참배에 남는 시간을 쓰기로 했다. 이번 여행을 통해 봉정암이라는 이름난 도량을 만난 것은 큰 소득 중 하나로 꼽힌다. 이전엔 봉정암이라는 이름조차 들어보지 못했다. 봉정암은 백담사가 거느린 암자중의 하나이며 자장율사가 중국 청량산 청량사에서 문수보살을 친견하고 부처님의 정골 사리를 받아와 안치한 우리나라 5대 적멸보궁 중 한곳이라 한다. 봉정암 뒷산 해발 1,244m 지점에 오층 사리탑을 세워 부처님 진신 사리를 봉안하고, 나라의 보물로 지정받아 관리하고 있단다. 연중무휴 철야 기도를 위해 이곳을 찾는 신도들의 발걸음이 끊이지 않는다고 한다. 숙박이나 취사를 위한 시설이 따로 없고, 좁은 공간에 많은 내방객들을 수용해야 하는 형편이라 잠자리가 매우 불편하였다. 여자들은 그래도 넓은 법당에서 함께 기도하며 밤을 새울 수 있었지만 남자들은 한사람에게 허용되는 기준 면적으로 158* 50cm를 제시하고 있는 것을 보면 이곳 사정을 넉넉히 짐작할 수 있다. 풍찬노숙을 면했을 뿐 새우잠도 청하기 어려운 형편이었다. 이부자리는 언감생심 생각의 대상도 아니고, 소변이 마려워도 자리가 없어질까 봐 화장실도 못가고 참아야했다. 밤새도록 갑갑한 상황이 계속 되는 악조건에서도 시간이 지나면서 코를 골며 깊은 잠에 빠지는 사람이 늘고, 아침도 어김없이 찾아왔다. 살아오면서 가장 길고, 잊히어지지 않을 고약한 밤을 보냈다.

새벽 일찍 암자에서 마련한 공양으로 식사를 마치고, 주먹밥 하나씩을 챙겨 대청봉 등정 길에 올랐다. 소청봉까지 대략 1km 구간은 어제 경험했던 해탈고개에 버금가는 난코스로 일행을 힘들게 하였다. 중청을 지나 대청까지는 비교적 순탄한 길이 이어져 여유롭게 경치와 단풍을 즐기며 정상에 올랐다. 해발 1708m. 해마다 초겨울 우리국민들에게 얼음소식을 맨 먼저 전해주는 지점이다. 동서남북 눈을 멈추는 곳마다 절경이요. 장관이다. 운해 너머로 끝없이 펼쳐지는 동해 바다와 설악의 괴암 괴석. 붉게 물든 나무들이 어우러져 설악산의 참 모습으로 다가와 걸음을 멈추게 한다. 이곳의 일출과 일몰이 꽤 유명하다고 하는데 구경할 수 없는 안타까운 상황을 뒤로하고, 소청봉으로 다시 내려와 신흥사까지 최단코스라고 하는 외설악 비선대쪽으로 방향을 틀어 하산하기로 의견을 모았다. 하산 길이라고는 하나 회운각대피소가 가까워지면서 갑자기 길이 험난해져 힘들게 고생을 했다. 회운각대피소에서 점심요기를 하고, 공룡능선 쪽으로 내려가겠다는 두 벗과 딸 내외와 잠시 떨어져 산행을 계속했다. 천불동계곡을 따라 이어지는 천당폭포·양폭대피소·오련폭포·귀면암·이호암·문주암 등. 줄을 잇는 명소들이 나름대로 자랑거리를 선보이며 눈과 귀를 사로잡는다. 때 맞춰 절정을 이룬 단풍의 향연은 더 이상 말과 설명이 필요 없는 감탄 그 자체였다. 비선대에 도착하여 멀리 바라보이는 장군봉의 기묘하고 장엄한 모습을 감상하면서 딸 내외와 두 벗의 합류를 기다리며 휴식을 취하였다. 약속한 시간이 다가오면서 이들의 무사귀환에 대한 한 가닥 불안이 싹트기도 했으나 이내 이들이 탈 없이 돌아와 줌으로써 편안한 마음으로 산행을 마무리할 수 있었다. 마지막 여정 신흥사 역시 신라시대 자장율사가 창건한 천년 고찰이며 설악산 등산로 입구에 위치하고 있어 설악산을 찾는 등산객들이 드나드는 관문으로서의 역할을 톡톡히 하고 있는 것 같았다. 신흥사에는 수차례 탐방한 곳이라 경내만 대강 둘러보고, 최종 약속 장소인 신흥사 전용 주차장으로 내려가 전체 일행과 합류하여 귀향길에 올랐다. 이박삼일의 비록 짧은 기간이긴 하지만 최소의 경비로 분에 넘치게 다양하고, 알찬 경험을 하게 되어 귀향길이 마냥 즐거웠다. 두 벗과 우정을 더욱 돈독하게 다지고, 딸 내외와도 모처럼 소통의 시간을 가진 것도 큰 성과로 꼽힌다. 모두에게 감사한 마음을 전한다. 개인적으로 백두산·한라산·지리산·설악산·금강산을 비롯해서 우리나라에서 높이와 경치를 자랑하는 유명산들의 정상에 두루 올라보았다는 자부심도 생겨났다. 앞으로 건강과 체력이 허락해주면 나머지 산들의 정상들에도 도전해 보려 한다.

아! 금강산

2007년 여름방학을 이용해 부산교총이 주관하는 국내외 선진지 현장답사 프로그램에 참여하여 3박4일 금강산에 다녀왔다. 개인적으로 실속 없는 햇빛정책에 염증을 느껴 금강산 구경을 통일 후의 과제로 미뤄 두었었는데 건강과 남북 상황이 더 악화되면 영영 구경할 기회를 놓칠 수 있다는 우려 때문에 마음을 바꿔 신청했다. 그러나 수년 전 길랑-바레 증후군이라는 중병을 앓고, 그 후유증에 시달리고 있는 현실이 몹시 마음에 걸렸다. 체력에 맞춰 최선을 다 해보겠지만 중도에서 구경을 포기하는 상황을 고려해 제 2안을 마련했다. 우려 상황이 발생하면 일단 일행과 떨어져 먼발치에서나마 금강산의 절경을 최대한 즐기며 눈에 담아 오기로 하였다. 동행한 후배동료님들께 폐를 끼쳐서는 안 된다는 생각을 하며 나의 복안을 미리 알렸다. 다행이 일행들 중에 평소 나의 투병생활을 가까이서 지켜본 후배가 여러 사람이 있어서 마음이 든든하였다. 사전 연수 때부터 분단의 아픔을 맛보아야 했다. 제한 받는 준비물이며 조심하고 삼가해야할 언행들이 많아 마음이 착잡했다. 당일 오전 10시 부산을 떠나 설악동 연호콘도에서 여장을 풀었다. 평소 여행 중 숙소에 도착하면 끼리끼리 모여 술잔을 기울이기도 하는데 저녁식사를 마친 뒤 각자 객실에 들어가서 밖으로 나오는 사람이 없었다. 이번 여정의 행선지가 북한이라는 특수 지역인 만큼 긴장 탓일 게다. 일찍 잠을 청했으나 기대와 우려 때문에 쉽게 잠을 이루지 못했다. 다음날 새벽 5시 화진포 현대아산 휴게소에 도착하여 핸드폰과 비디오카메라 등 지참할 수 없는 물품을 맡기고, 남측 출입사무소에서 소지품 검사를 마친 뒤 북측 출입사무소에서 수속을 밟았다. 한 갑자를 훌쩍 넘긴 분단의 현장을 지나 북녘 땅을 밟는 데 걸린 시간은 고작 10분. 차창에 비치는 그림은 크게 다르지 않았는데 분위기는 사뭇 달랐다. 100여 M의 거리를 두고 머리에 어울리지도 않는 큰 모자를 눌러쓴 초병들이 부동의 자세로 서 있다. 우리 일행을 태운 버스를 향해 한두 번 손을 흔들어 줄만도 한데 눈길 한 번 주는 병사가 없다. 표정도 없고, 움직임조차 없는 모습에서 섬뜩함이 배어 나왔다. 남측의 자유로운 수속절차와 북측의 딱딱하고 고압적이며 까다로운 수속 절차도 비교가 되었다.

철조망 사이로 난 신작로를 따라 십 여분을 달려 금강산 관광의 관문 온정각 광장에 도착하였다. 나지막한 산들이 가지고 놀고 싶도록 예쁜 바위들을 거느리고 남한에서 찾아온 일행을 반갑게 맞이하며 관광에 대한 기대감을 높인다. 현대아산이 금강산을 개발하면서 북쪽의 요구에 따라 관광자유지역 일대를 다른 지역과 구별하기 위해 철조망을 설치하고, 북한 인민들의 출입을 막고 있다고 한다. 철조망 너머로 몇몇 마을과 도로들이 보였는데 다니는 주민들이나 통행하는 차량은 보이지 않았고, 부동의 초병들이 마을 입구를 지키고 있는 모습이 참으로 기이했다. 무엇을 지키기 위함인지 궁금하였다. 들판에서 여러 사람이 일하는 모습도 보였는데 초병들처럼 우리에게 관심을 보이는 사람은 없었다.

금강산 관광 코스는 구룡연 코스, 만물상 코스, 삼일포 해금강 코스 등 세 갈래로 개발 되어 있다고 한다. 현지 사정에 의해 만물상 코스부터 관광을 시작했다. 현대에서 제공하는 미니버스를 타고, 구불구불 비좁은 비탈길을 따라 한참을 올라갔다. 도로변에는 보기에도 시원스럽게 벋은 금강송과 괴암 괴석으로 장식된 절벽에서 쏟아지는 폭포들이 시선을 사로잡는다. 다만 크고 멋진 바위에는 어김없이 큰 글씨로 김일성 부자를 신격화한 구호와 주체사상을 찬양하는 글을 새겨놓아 볼썽사나웠다. 북쪽사람들은 이런 글을 바위 글발이라 하며 김정일과 동일시하기 때문에 손가락으로 가리키거나 비아냥거리는 말을 하면 불경죄가 되어 엄한 처벌을 받는다고 한다. 등산로 입구에 도착하자 갑자기 하늘이 어두워지면서 바람과 함께 굵은 빗방울이 떨어지기 시작한다. 후배 ㅅ교장이 북한요원이 운영하는 매점에서 우의 두벌을 사서 나에게 한 벌을 건네주었다. 여기서부터 후배 여섯 사람이 나와 보조를 맞추어 이동했다. 참으로 고마운 후배들이었다. 만상정萬象亭에 다다랐을 때 한 차례 세찬 바람이 굵은 빗방울을 몰고 왔으나 발걸음은 괴암 괴석이 만들어 낸 절경에 이끌려 골자기로골자기로 빠져 들었다. 얼마 지나지 않아 수십 길 절벽과 철제 사다리가 가로 막아섰다. 나로선 최악의 복병을 만났다. 경치에 취해 내려올 걱정을 잊고, 죽을 힘을 다해 한 단 한 단 몸을 밀어 올렸다. 그만 돌아가야 되겠다는 마음이 여러 차례 머리를 채웠으나 꾹꾹 눌러 참았다. 삼선암과 칠층암을 지나 망장천忘杖泉에 도착하였다. 약초 캐러 온 할아버지가 이 샘물을 마시고 갑자기 젊어져 지팡이도 버리고 돌아 왔는데 할머니가 알아보지 못하고 내쫓았다는 이야기를 간직하고 있는 샘이란다. 맑고 깨끗해 보이지는 않았으나 이 샘물을 마시면 힘이 솟아 단숨에 산을 오를 수 있다는 말을 듣고 한 모금 마셨다. 쇠사다리에 매달려 아슬아슬한 곡예를 하면서 만물상을 한눈에 바라볼 수 있다는 천선대天仙臺에 올랐다. 과연 만물상이라 할만 했다. 만물상의 기기묘묘한 경치에 빠져 올라오면서 힘들었던 고통이 조금은 사라졌다. 만물상을 이루고 있는 바위 마다 귀여운 이름이 있고. 재미있는 전설이 있어서 하나하나 맞춰보는 재미가 쏠쏠하련만 제한된 시간을 아쉬워하며 만물상 코스의 마지막 명소 망양대望洋臺로 걸음을 옮겼으나 북쪽의 안내원이 악천후로 등산로를 폐쇄했다며 길을 막아섰다. 오봉산의 괴암과 동해의 해금강을 조망해볼 수 있는 기회를 날씨한테 빼앗겼다. 망장천 샘물의 효과 인지 절경 탓인지 후배들의 엄호 때문인지 예상을 넘어 큰 무리 없이 오늘 예정된 관광을 마무리하였다. 최근에 건강이 좋아 지고 있는 조짐을 느끼긴 했으나 오늘 일은 나에게는 기적이다. 오늘 산행을 통해 체력의 현재치를 알게 되었다. 남측식당을 대표한다는 온정각 식당에서 점심을 먹고, 오후에는 금강산 노천탕에서 온천욕을 즐기며 휴식을 취하였다. 밤에는 북측 기예단의 서커스 공연을 관람했다. 수년전 관람한 중국 기예단 보다 수준이 높은 듯 했다. 손에 땀을 쥐게 하는 고난도의 묘기에 탄성을 지르고 손뼉을 치면서도 사람의 본성을 잃고, 기계가 되어 꼭두각시노릇을 하는 단원들이 불쌍해 보였다. 일행 중에 오늘 산행을 포기한 사람이 많이 있었다는 말을 전해 듣고, 나보다 건강이 더 나쁜 일행도 있었다는 사실을 알았다.

다음날 오전 구룡연 답사에 나섰다. 피로가 가시지 않아 다리가 아프고 몸이 무거웠으나 어제의 성취감이 자신감을 불러왔고, 동료 후배들의 엄호와 격려에 힘입어 씩씩하게 출발했다. 북쪽이 자랑하는 대표식당 목란관에서 하차하여 오솔길을 지나니 옥을 우려낸 옥수가 가득한 옥류담이 반긴다. 맑고 푸른 기운을 잔뜩 품어내는 옥류담과 양편에 병풍처럼 둘려진 절벽과 괴암괴석의 바위산·나무·풀 그 사이로 시원하게 쏟아지는 폭포는 분명 지상의 경관이 아닌 듯했다. 어느 곳에 카메라를 들여대도 모두 걸작이다. 찍은 사진들은 구별이 어려울 것 같았다. 노루소에서 스며든 녹용수와 산삼 밭에서 스며든 동삼수가 만나 솟아오른다는 삼록蔘鹿 약수터에서 한 바가지의 물로 보양을 했다. 금강산 5대 돌문의 하나인 금강문을 통과하니 선녀가 떨어뜨린 두 개의 구슬이 변해 만들어졌다는 연주담이 우릴 기다리고 있었다. 그윽한 눈길과 요염한 자태가 신선들을 희롱할 만하였다. 구룡폭포까지는 비교적 평탄하여 일행보다 오히려 먼저 도착하였다. 조선 3대 폭포 중 하나로 150M 절벽 위에서 내리 꽂히는 물줄기가 주위의 경관을 압도하여 신비를 자아내고 있었다. 물보라 가득한 연못에는 금강산을 지키는 아홉 마리 용이 살고 있단다. 구룡폭포 코스 마지막 명승지 구룡전망대에 오르기 위해 쇠사다리에 매달려 1시간 반을 전전긍긍했다. 전망대 맞은편에 크고 작은 8개의 소가 있어 상팔담이라 불리는 명소가 있었는데 유감스럽게도 아래로 두 개는 전망대의 몸통에 가려 보지 못했다. 달빛 가득한 밤의 이 공간을 상상해보면 천상의 선녀들이라도 유혹을 뿌리치기 힘들었을 것이리라 짐작되었다. 오전 일정을 가볍게 소화하고, 정해진 시간 안에 목란관에 도착하여 호기심과 기대에 찬 북측요리를 마주하였다. 대형 TV에 비치는 북한체제 선전영상 때문인지 무표정한 종사원들 때문인지 음식에 호감이 가지 않았다. 오후는 마지막 일정. 삼일포와 해금강을 둘러보았다. 소형버스로 여행자유구역의 철조망을 벗어나 삼일포 주차장에 내렸다. 오는 도중 마을 하나를 관통하여 지나 왔으나 마을 입구의 초병만 보았을 뿐 주민들은 보지 못했다. 도보로 1km쯤 이동했을 때 언덕아래 숲 사이로 호수 하나가 시야에 들어 왔다. 삼일포란다. 육지에서 흘러들어오는 물과 바닷물이 섞여 호수를 이루었다고 한다. 관동 팔경의 하나로 조선조 어느 임금이 하루를 기약하고 왔는데 맑은 물과 경치에 이끌려 삼일을 묵었다는 전설에 유래하여 삼일포라는 이름을 얻었단다. 바다와 호수가 어우러진 절경의 명승으로 손색이 없어 보인다. 북한 주민들에게도 개방을 하고 있다는 데 북한 주민들은 그림자도 찾아 볼 수 없다. 남한에 이만한 명승지가 있다면 주말이 아닌 평일에도 손님들이 붐벼 발 디딜 틈이 없었을 텐데 참으로 기이한 일이다. 양사언 선생의 호를 딴

봉래대에 올라 삼일포를 조망하고, 비로봉이 보인다는 연화대와 와우대를 멀리 바라보며 아쉬운 마음으로 이번 금강산 관광을 마무리하였다. 과연 금강산은 금강산이었다. 금강산 전체를 보지 못하여 평을 할 수는 없다. 수년 전 다녀온 중국의 항산처럼 웅대하지는 않았지만 물과 절벽과 바위와 나무가 아기자기하게 어우러져 만들진 경관은 그에 못지않은 것 같다. 금강산의 유명세가 허투로 지어 낸 평가가 아니라 이름값을 단단히 하고 있다는 생각이 들었다. 이번 답사를 통해 지금도 진행형인 분단의 아픈 역사를 뼈저리게 실감했다. 정치 지도자들이 그들의 말처럼 나라와 국민을 섬기고 위한다는 말이 진정이라면 통일이 불가능한 것도 아닐 텐데 위정자들의 목표와 목적은 국민과는 다른 것 같다. 햇볕정책이 대표적이다. 허울 좋은 말로 북쪽의 생떼를 여과 없이 받아주고 있지만 번번이 그들의 전략과 전술에 놀아나며 햇볕의 온기는 온데간데없고 돌아오는 것은 핵무기 말고 무엇이 더 있었는가? 국민만 딱하고 분통터질 일이다. 금강산만 해도 그렇다. 분단이 없었다면 수속이나 까다로운 절차가 무슨 소용 있으랴. 우리 동포가 언제 어디서나 자유롭게 즐길 수 있는 그날이 오기를 기대한다. 금강산 관광을 무사히 다녀왔다는 사실과 후유증을 걷어 낼 수 있다는 가능성을 확인한 것은 매우 의미 있는 일이 되었다. 나를 보호해주고, 격려해준 동료 후배님들께 감사드린다.

보시의 나라 미얀마

참으로 맹렬한 비다. 이런 비를 두고 작달비라 하는 걸까? 삼대 같은 빗줄기가 양철지붕을 사정없이 두들겨 절정에 다다른 난타공연장을 방불케 한다. 순식간에 먹구름이 호수를 덮고, 거대한 둑이 일시에 무너지듯 천지를 흔드는 천둥소리가 넋을 앗아간다. 불과 30여 분의 짧은 시간, 언제 그랬느냐는 듯이 구름이 걷히고 햇빛이 비친다. 긴장감이 호기심으로 바뀌는 순간 가슴이 뚫리고, 몸속 찌든 때를 모두 씻어간 듯 후련함이 전신을 감싼다. 참으로 신나고 화끈한 비다. 시들어가는 생명력에 활력을 뿌리는 오아시스 같은 비다. 미얀마 천혜의 휴양지 인레 호수 수상음식점에서 만난 스콜이다. 스콜의 향연과 호수의 풍광에 홀리고, 푸짐한 현지요리에 세계맥주대회에서 그랑프리를 수상했다는 미얀마 맥주를 곁들이니 금세 취기가 돈다. 해발 900m나 되는 고원에 여의도 면적의 열배가 넘는 거대한 호수가 있다는 사실이 놀랍고, 호수를 무대로 살아가는 사람들의 생활방식과 전통문화가 인상적이어서 여행의 기대를 부풀린다. 주민은 주류를 이루는 인타족과 여러 갈래의 소수민족으로 구성되어 있는데 최근 관광객을 유치하기 위해 일부 고산족을 이주시켜왔단다. 이들은 호수변을 따라 수상마을을 이루고, 공동체를 만들어 살아가고 있지만 종족마다 고유의 문화와 전통을 간직하고 있어서 찾아오는 사람들에게 관심과 볼거리를 제공하고 있다. 농부들은 물위에 '쭌묘'라는 수경재배 농장을 만들어 야채와 꽃을 가꾸고, 어부들은 호수에서 고기를 잡아 생계를 이어간다. 한쪽다리로 노를 저으며 고기를 잡는 어부들의 모습은 여기 아니면 볼 수 없는 특이한 광경이다. 오밀조밀한 수로와 카누모양의 통나무배는 이곳의 유일한 교통통로이고 수단이다. 이 들은 호수에서 태어나 평생의 시간을 호수 위에서 보내며 죽어서는 호수에 수장되어 종족의 수호신이 된다고 하니 호수와는 숙명적인 인연이다. 일주일에 한 번씩 열리는 수상시장은 규모가 작고 거래되는 물건의 상품성도 떨어져 보인다. 냉장시설도 없이 진열된 과일이나 생선이 악취를 풍기지만 얄팍한 상술과 속임수는 없는 것 같다. 파는 사람이나 사는 사람이나 자연이 길러낸 무공해 농산물처럼 순수해 보인다. 꾸미지 않은 미소, 몸에 배인 친절과 여유에서 사람 냄새가 묻어난다. 마을에서 운영하는 공방工房은 그들의 손재주를 엿볼 수 있는 공간이다. 실크공방에서 베 짜는 여인의 모습은 어릴 때 우리 어머니들의 베 짜던 모습 그대로다. 실을 뽑고 베 짜는 기구와 방법까지 비슷해서 놀랍다. 누에고치와 연꽃 줄기를 재료로 쓰는데 연꽃 줄기에서 연사蓮絲를 뽑아 베 짜는 방법을 고안해낸 이들의 지혜가 돋보인다. 연사 목도리 한 장에 미화 백 불을 호가한다고 하니 제품의 우수성도 입증된 것 같다. 몸을 보호하고, 아름답게 보이기 위해 목에 쇠로 만든 링을 칭칭 감고 평생을 살아왔다는 '빠따웅'족 여인의 모습에서는 명분의 적부適否를 떠나 연민의 정이 앞섰다. 황금빛 자태를 뽐내며 호수에 그림자를 드리운 팡도우파고다는 이곳 최대의 불탑으로 소수민족의 불심을 확인시켜주는 다섯 개의 불상으로 이름이 높다. 1200여 년 전 봉안 당시 어른 주먹 크기만 했던 불상이 금박공양 덕분에 원래 부처님의 형체는 간곳없고, 보이는 것처럼 초등학생 체격 정도의 두루뭉술한 금박덩어리로 변해 있다. 이 불탑을 거쳐 간 수많은 공양주들의 축원이 얇디얇은 금박종이에 담겨 한 켜 한 켜 불상의 덩치를 불렸으니 이 불상은 곧 이곳 소수민족들의 애환과 불심의 상징일 것이다. 금박종이를 사서 세월호 승객의 무사귀환과 각자 소원을 빌며 불상에 붙이는 일행의 모습이 사뭇 진지해 보인다.

방갈로 형태의 수상 호텔에서 맞는 미얀마에서의 마지막

밤이다. 짧은 여정 때문에 지척에 널려있는 볼거리를 그냥 두고 발길을 돌려야하는 아쉬움에 잠을 이룰 수 없다. 마침 이국의 정취를 몰고 온 달을 벗 삼아 이번 여행을 정리해본다. 2500년 불교 역사의 주역으로서 문화와 전통을 찬란히 빛낸 나라. 60년대 홀연히 국제무대에서 자취를 감추어 시계바늘을 멈추게 했다가 최근 베일을 비집고 얼굴을 내민 나라. 오랫동안 외부의 손짓을 외면하여 속세의 때를 묻히지 않은 나라, 미얀마 특유의 속살을 들여다 볼 수 있었던 뜻있는 여행이었다. 일곱 차례나 비행기를 갈아타고, 내려야하는 항공여행이 다소 부담스러웠으나 여행을 준비하는 과정에서 걱정했던 현지의 치안과 음식에 대한 불안이 기우에 지나지 않았음은 다행이었다. 이 나라의 관문 양곤은 북괴의 아웅산묘소 폭탄 테러 사건으로 잘 알려진 우리의 뼈아픈 역사의 현장이 있는 곳이다 아름다운 호수와 수목이 어우러져 동방의 정원도시라 불린다. 2005년 네피도에 수도를 넘겨주고 10여 년이 지났지만 현재도 여전히 이 나라의 얼굴이며 정신적·문화적·경제적 수도로서의 위상을 잃지 않고 있다. 쉐다곤파고다는 양곤을 상징하는 세계최대의 불탑이다. 장대하고, 화려하고, 섬세한 건축미가 미얀마 불탑가운데 가장 대표적이며 세계 불도들의 성지순례지로 각광받고 있단다. 2500여 년 전 석가모니께서 살아계실 때 8가닥의 성발聖髮을 모셔와 봉안했다고 전해지며 70여

톤의 황금과 76캐럿짜리 다이아몬드를 비롯해 각종 보석으로 치장되어 황금빛 위용을 자랑하는 이 나라 국민들의 경배 대상이자 자존심이라 한다. 높이15m 무게600t의 거대한 옥불玉佛이 봉안된 로키찬타사원에서는 불심과 거리가 먼 이 나라 지하자원에 대한 궁금증이 머리를 메웠다. 기차가 들어오면 물건을 걷고, 기차가 떠나면 다시 시장을 펼치는 철길 전통시장의 특이한 풍경에서 서민들의 의식주와 빠듯한 삶을 만났다. 바간은 불탑의 고도古都다. 한때 450만개의 불탑이 있었다고 하니 놀라지 않을 수 없다. 몽고의 침입과 자연재해로 대부분의 불탑이 훼손되었음에도 불구하고 지금도 2500여개의 불탑이 숲을 이루고 있어 찬란했던 불교 역사를 말해주고 있다. 불탑 세우는 일을 평생의 공덕으로 삼았던 미얀마인들, 불탑을 세울 때마다 마을 단위로 벽돌을 만들어 앞을 다투어 참여하였다고 한다. 불탑 안에는 석가모니의 진신사리 또는 신체의 일부와 많은 불상을 함께 봉안하여 경배의 대상으로 삼았다. 미얀마에서 만난 불상들은 모양과 자세가 각양각색이고, 얼굴과 몸매가 여성화 된 느낌을 준다. 불탑 안에는 수십 개의 불전함이 있고, 불전함마다 용처用處인 복지단체 또는 복지시설이 표시되어 있어서 공양주들은 이 용처를 선택해서 시주를 할 수 있고, 모인 돈은 용처에 따라 투명하게 쓰인다고 하니 갑자기 우리나라 사찰의 불전과 교회의 헌금이 어떻게 쓰이는지 궁금해진다. 바간은 캄보디아의 앙코르와트·인도네시아의 보로부두르와 함께 세계 3대 불교유적지로 유네스코 문화유산으로 지정되어 관리되고 있단다. 이곳의 대표적인 불탑은 바간왕조 최초의 불탑으로 미얀마 불탑의 모델이 된 쉐지곤파고다·바간의 전경을 한눈에 볼 수 있는 쉐산도파고다·이라와디 강변의 부파야 파고다가 있으며 사원은 만다라형상의 아난다사원·황금의 단청을 자랑하는 틸로민로사원·한왕의 애환이 서려 있는 마누와사원이 대표적이라고 한다.

불교를 떠나서 미얀마를 말할 수 없다. 나라를 지탱하는 힘, 134 갈래 소수민족을 하나로 묶는 힘, 약하고 가난한자를 구제하는 힘이 모두 불교에서 비롯된다. 번화한 거리마다 존경받는 스님들의 대형사진이 걸리고, 사람들은 자녀를 낳아 승려로 배출시키면 가문의 영광으로 생각한다. 승려는 이 나라에서 최고의 대접을 받는 귀족이다. 승려에서 일반 시민에 이르기까지 부처님의 가르침을 실천하는 일이 곧 일상의 삶으로 보인다. 살생을 하지 않기 위해 맨발로 다니고, 무소유의 생활을 실천하기 위해 사원이나 수도원에서 음식을 만들지 않으며 재물을 모으지 않는다. 한 끼 먹을 양식만 있어도 스님들의 바루공양에 줄을 서고, 약하고 가난한 사람을 위해 베푼다고 한다. 골목 모퉁이에 음식을 놓아 주인 없는 짐승들을 배부르게 하며 볏단을 나뭇가지에 걸어 스스로 먹이를 해결하지 못하는 날짐승까지 배려한다. 보시를 통해서 행복을 느끼는 사람들, 남의 것을 탐하면 쌓은 공덕이 사라지고, 언젠가는 되갚아야 하는 것으로 인식하는 사람들, 그래서 도둑이 없고, 탐욕이 없는 나라, 생명을 가진 모든 유기체가 행복하고 여유로운 나라, 종교가 지배하려 들지 않고 종교에 예속 당하지 않으면서 종교의 가르침을 충실히 실천하는 살아있는 부처들의 나라로 오래 기억될 것이다.

사람들은 부귀영화 속에 숨어 있는 번뇌와 고통을 보지 못한다. 그래서 자신이 누리는 것으로 만족하지 못하고, 자손들에게까지 대물림하려 든다. 욕심을 버림으로써 번뇌와 고통에서 해방하라는 것이 무소유의 가르침이다. 입에 담는 것은 쉬우나 실천은 어려운 법이다. 일상생활에서 자연스럽게 불교의 가르침을 실천하는 미얀마 사람들은 정말 대단하다. 철저한 우민정책으로 국가 권력을 장악한 군부세력에 맞서 민주화의 물결도 거세지고 있다. 민주화가 진행되고 풍부한 지하자원을 바탕으로 경제개발에 눈을 뜨게 되면 이런 숭고한 인간의 가치들이 어떻게 될지 궁금하다. 민주화와 경제건설도 필요하지만 인간의 소중한 정신적가치가 훼손되는 일이 없었으면 좋겠다.

기지개 켜는 중국

96년 9월 5일부터 15일까지 10박11일. 초등교원 국외연수 아주 제2단의 행정요원으로 중국과 일본을 탐방하는 행운을 얻었다. ㅈ초등학교 ㅂ교장선생님을 단장으로 하고 행정요원1명. 일반단원 초등학교 교원 18명. 총 20명이 동참하였다. 지구 위 극동이라는 동일 무대에서 오랜 기간 영욕의 역사를 함께하면서 적과동지 사이를 넘나들었던 중국과 일본. 가까운 이웃이면서도 정치 외교적으로 멀게 느껴지는 두 나라를 돌아봄으로서 무한경쟁의 글로벌 시대가 요구하는 미래지향적 안목을 넓혀 세계화 시대에 부응하고, 부산교육발전에 애쓰고 있는 선생님들의 사기와 사명감을 높이는 데 연수의 목적이 있었다. 개인적으로 해외 첫 나들이인 만큼 기대도 컸다. 행정요원으로서 여행 중 예상되는 안전상의 위험과 단원들의 일탈행위를 사전 예방하면서 유쾌한 여행 분위기도 조성해야하는 책임이 부담스러웠다. 수속을 밟고, 두 차례 사전연수를 거쳐 5일 11시 우리 단원들을 태운 OZ 315편 여객기가 김해공항을 이륙하여 12시 30분 북경공항에 착륙하였다. 서해를 건너고, 국경을 넘어 이념과 체제가 다른 중국의 심장부까지 불과 1시간 반. 믿기지 않는 현실이다. 현지 여행사에서 준비한 25인승 미니버스에 탑승하여 조선족 출신 가이드의 안내를 받으며 잠에서 깨어나고 있는 거대한 대륙 중국 탐방이 시작되었다. 거리에서 목격되는 엑셀·르망·소나타·프린스 등 국산 자동차와 현대·대우·삼성 등 국내 대기업들의 대형 광고판들이 우리의 자긍심을 부풀렸다. 교통의 혼잡과 무질서를 빼면 남의 나라라는 생각이 들지 않을 정도로 낯설지 않았다.

처음 안내를 받은 곳은 황제가 하늘에 제사를 지냈다는 천단공원. 주 건축물인 원구단과 황궁후기념전은 규모가 웅장하고, 예술성이 뛰어나 중국인들의 큰 스케일을 엿볼 수 있었다. 하늘에 제사를 지내는 목적도 있었겠으나 황제의 권위를 돋보이게 하기 위한 수단으로도 활용되지 않았을까하는 생각을 해 보았다. 북해공원 음식점에서 시가지를 조망하며 푸짐한 중국요리를 마주하였다. 종업원들은 친절했으나 음식재료에 쓰인 이름 모를 향신료 때문에 배를 채운 단원은 없었던 것 같다. 밤에는 중국에서 자랑하는 기예단의 서커스공연을 관람했다. 고난도의 묘기를 보며 손뼉을 치고 환호 했지만 기계처럼 빈틈없는 그들의 동작과 무표정에서 인간미 대신 섬뜩함을 발견하고 마음이 착잡했다. 다음날은 북경 소재 동전소학교를 시작으로 천안문광장·자금성을 탐방하였다. 시골 교회가 연상되는 동전소학교 교문에 들어서니 허름한 시멘트건물과 시멘트바닥으로 되어 있는 좁은 운동장이 우릴 맞았다. 여자 교장선생님의 학교현황 설명이 있었다. 전교생 460명·교직원 37명·12학급·주5일제 수업·아침 5시부터 오후 5시까지 근무·전보 제도가 없어서 남자 66세 여자 55세까지 본교에서 근무할 수 있단다. 학교를 돌아보며 열악한 시설과 학습 자료가 빈약함을 확인할 수 있었다. 특히 화장실은 남녀 공히 앞문이 없어서 보는 사람이 민망할 정도였다. 그러나 선생님들의 열의와 자부심은 높아 보였다. 자빈 교장선생님의 배려로 학생들과 단원들이 어울려 포크댄스 시연을 펼치고, 발길을 천안문 광장으로 돌렸다. 역사박물관·모택동기념관·혁명기념관·인민대회장·천안문 광장에 이르기까지 어마어마한 규모에 말문이 막혔다. 1,200만 명의 인원을 수용할 수 있는 광장, 9,999 칸의 방을 거느린 자금성. 천하를 호령하던 황제들의 기개와 국력이 가히 짐작되었다. 아가자기하고 예술성이 뛰어난 우리나라의 궁궐에 비해 규모면에서 비교가 되지 않았다.

다음날은 명나라 13능·만리장성·용경협을 탐방하는 일정이었다. 명나라 14대 황제의 능을 돌아보고, 황제들의 무한한 욕심을 헤아려 보며 만리장성으로 걸음을 옮겼다. 변방을 지키기 위해 진시황제로부터 명대에 까지 쌓은 성이 8,000 km나 되고, 눈으로 학인 되는 바 사용된 돌의 크기와 뛰어난 축조기술 등 이 모든 것이 불가사의한 일임에 틀림이 없었다. 그 많은 돌과 바위 덩어리를 어디서 어떻게 옮겨와 이처럼 정교하게 쌓았는지. 동원된 인부는 어떤 사람들이었는지. 희생자는 얼마나 있었는지. 궁금한 것이 많았다. 동원되었던 민초들의 원성과 원한이 메아리가 되어 장성주위를 맴돌고 있을 듯하였다. 모처럼 중국의 명소 용경협에 들려 거대한 협곡과 강이 만들어 낸 절경 속에서 뱃놀이를 즐기며 하루의 시정을 마무리하였다. 다음날은 서태후의 별장 이화장을 둘러보았다. 경관도 빼어났지만 1km에 이르는 장낭과 70만평에 달하는 곤명호 둘레를 거닐며 여기서도 또 한 번 중국 황실의 권위와 끝없는 욕심을 확인하였다. 이어 경산 공원에 올라 북경시내를 한 번 더 조망하였다. 중국 사람들은 숲과 공간이 있는 곳은 예외 없이 체조와 스포츠 댄스를 즐기는 사람들이 붐벼 그들의 낙천성과 여유를 보여주었다. 6시 50분 북경공항 발 비행기에 올라 조선족 자치주 연길시로 향했다. 마중 나온 대형버스에 탑승하고, 연변 한식당으로 이동하는 도중 차에서 흘러나오는 우리의 대중가요를 듣고, 왈칵 집 생각이 났다. 오랜만에 감칠맛 나는 우리 음식과 반주를 곁들여 백두산 등정을 축하하는 건배를 들었다. 이어 백산 호텔로 이동해 여장을 풀었다. 답사 5일째. 연길시 중앙소학교와 연변대학을 방문하고, 도문시 두만강 변에서 2-3분이면 건널 수 있는 다리너머로 북녘 땅을 바라만 봤다. 강 건너 쪽에 드문드문 빨래하는 북한 아낙들을 확인 할 수 있었다. 북한을 탈출하기 위해 목숨을 걸고 이 강을 건너야 했던 탈북자들의 무모한 희생과 애환을 흐르는 강물은 모두 기억하고 있으리라. 분단 60년 7000만 민족이 겪고 있는 애환더미 위에 우리를 위협하는 핵무기의 그림자가 겹치니 형용할 수 없는 희한과 통일에 대한 염원이 가슴을 짓눌러왔다.

답사 6일째. 이번 답사의 하이라이트 백두산을 오르는 날이다. 아침 호텔 로비에서 만난 대원들의 상기된 얼굴이 퍽 인상적이었다. 가이드가 전하는 날씨 정보에 의하면 오늘은 백두산 등정에 최상의 날씨가 될 것 같단다. 7시에 호텔을 나서 밀림속의 비포장도로를 따라 장장 6시간을 달렸다. 인적은 드물고, 가끔 벌목한 목재를 실어 나르는 대형차량의 난폭운전에 가슴을 쓸어내려야 했다. 등산로 입구에 도착하여 3대의 지프차에 편승하여 30분가량 먼지를 일으키며 좁은 길을 돌고 돌아 대망의 천지연을 발 아래로 굽어보게 되었다. 정상 부분에는 나무는커녕 풀 한 포기 구경할 수 없었고, 푸석푸석한 화산재가 쌓여 있었다. 불어오는 세찬바람에 재가루가 날려 눈을 뜨기 힘들었으나 날씨가 맑아 다행히 신비스러운 천지연 전체의 모습을 한 눈에 담을 수 있었다. 가끔 구름덩어리가 휙휙 지나가면서 시야를 가렸지만 구경하는 데는 방해가 되지 않았다. 가이드의 설명에 의하면 오늘 같이 좋은 날씨는 연중 며칠 되지 않는데 행운을 얻었다며 택일의 공을 은근히 과시했다. 분단의 비극은 여기서도 꿈틀대고 있었다. 중국과 북한의 국경선이 천지연을 반분하고 있어서 북측 영토인 반대편에는 들어갈 수가 없다고 한다. 우리겨레의 영산을 일부라도 남의 나라에 내어준 자격 없는 주인으로서 안타까움이 컸다. 단장님의 선창으로 만세삼창을 했다. 남은 시정을 맞추려는 안내원의 채근에도 불구하고, 단원들은 조금이라도 더 많은 것을 가슴과 카메라에 담으려고 이리저리 뛰어다니며 여념이 없었다. 천지연 물에 손을 담가 보지 못하고, 발길을 돌려야하는 아쉬움이 컸다. 내려오는 도중 천지연에서 쏟아지는 68m 높이의 장백 폭포를 관망하고, 온천수에 삶은 계란을 사서 시식하며 온천탕을 즐겼다. 이어 나무꾼과 선녀 이야기의 무대라고 알려진 소천지에서 선녀와 나무꾼이 만나 펼쳐지는 이야기 조각을 맞춰보며 천지 호텔로 돌아 왔다. 다음날은 용정시 소재 복흥향중심소학교를 둘러보고, 해란강 용문교를 건너 대성중학교 옛 터에 쓸쓸히 서 있는 윤동주 시인의 노래비 앞에 서니 나라를 찾고자 이국땅을 전전하며 한 몸 불사른 독립 운동가들의 거룩한 행적이 일행을 숙연하게 하였다. 대성중학교 전통을 고스란히 이었다는 용정중학교를 둘러보고, 일송정으로 향하였다. 오르는 길에 이동주부들의 집요한 호객행위를 보면서 깊은 연민을 느꼈다. 이들은 독립투사들의 핏줄로 후광을 입어야 마땅한데 조국에 돌아오지도 못하고 힘들게 목숨을 부지하고 있다는 사실이 가슴 아팠다. 1세 소나무대신 2세 소나무와 정자가 우릴 반갑게 맞이하였다. 일송정에서 우리단원들이 제창했던 선구자 노래가 지금도 일대에 울려 퍼지리라.

중국은 이제 잠자는 나라가 아니다. 유구한 역사와 문화적 자산·장엄한 대자연·풍부한 지하자원·깨어나는 시민 의식 어느 것 하나 만만치 않다. 기반시설이나 주거환경이 열악하기 이를 데 없지만 경제성장의 과일 맛을 보기 시작한 시민들의 자신감 넘치는 표정과 활기찬 발걸음으로 보아 기지개를 켜며 잠에서 깨어나고 있음이 분명해 보였다. 중국 탐방을 통해 분단의 비극을 다시 한 번 확인하고 통일의 염원을 다지면서 민족의 영산 백두산 정상에 족적을 남긴 것이 무엇보다 기쁘고 자랑스럽다.

작지만 강한 나라 일본

오늘부터 일본답사가 시작된다. 우리 일행을 태운 비행기가 오전 7시 45분 북경 공항을 이륙하여 상해에 잠시 기착했다가 두 시간 뒤 일본 관서국제공항에 안착했다. 일본 현지 안내원이 미니버스를 대기해 놓고 기다렸다. 미나또 대교를 건너 첫 방문지 오사카 성으로 향했다. 일본 3대 명성名城의 하나로 임진왜란의 원흉 풍신수길이 축조했다는 가이드의 설명에 만감이 교차하였다. 도요토미히데요시(풍신수길)는 우리 국민에겐 적장이요, 왜란의 원흉이지만 일본 사람들에게는 일본을 통일한 영웅이요. 명장이요. 뛰어난 정치가로 대접 받는다. 건물의 형태와 배치가 특이했다. 견고해 보이는 높은 성곽과 성곽 둘레에 폭 최저 75m에 이르는 해자라는 인공호수를 둘려서 첩자의 침입을 막았다고 한다. 벚꽃이 많아 봄철엔 꽃으로 가을엔 단풍으로 절경을 이루어 사람들을 불러 모은다고 한다. 오사카의 번화가 신사이버시 소재 다이마루백화점에서 잠간 쇼핑을 하고, 로얄 호텔에서 일본의 첫 밤을 맞이했다.

9일째 낙앙소학교·마쓰시다기술관·청수사를 방문하였다. 바람 불고 비가 내려 약간 쌀쌀한 날씨라 따스한 옷으로 바꿔 입었다. 오사카 중심지를 관통하는 요도가와 강을 건너고, 국도를 한참 달려 교토시가지 소재 낙앙소학교로 향했다. 현관입구에서부터 친절한 교감선생님의 안내를 받으며 본교와 일본 교육의 이모저모를 엿보며 우리 교육의 현주소와 비교해보는 시간을 가졌다. 현관에 들어서니 신발장과 우산꽂이가 학반별로 가지런히 정리되어 있고, 바닥·벽·화장실 등 건축자재가 깔끔하고, 수준이 높아보였다. 복도 쪽에 벽이 없는 열린 교실과 옥상의 수영장·3층의 인조 잔디가 깔린 운동장·지하층의 체육실·호텔식당 같은 급식실·중앙현관의 학생휴식 공간 등은 좁은 면적의 학교 부지를 최대한 활용하고, 학교교육목표 달성을 위해 효용성과 실용성을 높이려고 애쓴 흔적이 역력하였다. 학교 시설과 교육활동을 둘러보는 중간중간 교감선생님이 설명하는 학교의 생활지도 기본 방침을 듣고 감명 받았다. 아이들의 건강과 지능 발달을 고려하여 겨울에도 맨발로 생활하게 하며 극기심과 인내심·자립심과 책임감·근검절약 정신과 질서 지키기 등 공동생활에 필요한 덕목들을 가정과 연계하여 어릴 적부터 엄격하게 지도한다고 한다. 특히 예절을 지키고 타인을 배려하는 생활은 몸에 배이도록 반복적으로 계속 지도한다고 한다. 이와 같은 생활 지도는 본교 뿐 아니라 일본 모든 학교에서 이루어지고 있단다. 흔히 일본 사람들에게 배울 점으로 예절이 바르다. 친절하다. 남에게 폐를 끼치지 않는다. 주위를 깨끗이 한다. 부지런하다. 쉽게 감정을 드러내지 않는다. 하는 점들을 말한다. 거리나 명승지나 호텔 로비에서 만난 현지인들을 보며 실지로 확인 되는 것들이 많았다. 짧은 시간이라 많이 둘러보지는 못했으나 가는 곳마다 떨어진 휴지 한 장. 굴러다니는 빈 깡통하나 발견하지 못했다. 아는 사람이던 모르는 사람이던 연신 허리를 굽혀 예를 표하고 친절을 베푸는 모습이 눈에 많이 띄었다. 이런 현상은 일시적으로 한순간에 만들어지는 것이 아니다. 일본의 국민성이 이처럼 세계의 모범이라 찬사를 받게 된 밑바탕에는 가정과 학교와 사회가 손잡고, 꾸준히 힘쓴 바른 교육 때문이라는 생각이 들었다.

오후에는 미쯔시다기술관에 전시된 내셔널회사의 가전제품들을 구경하며 한 발 앞서가는 일본 전자기술에 대한 설명을 듣고, 우리의 전자기술이 일본을 추월하여 세계의 전자산업을 선도하는 그날이 오기를 기원하며 다시 교토로 돌아와 청수사를 관광하였다. 청수사는 현지인들에게 기요

미즈데라로라 불리는 오랜 역사를 자랑하는 사찰이며 오토와산 절벽에 위치하여 올라가는 길은 꽤 힘들지만 본당에서 내려다보는 절경이 아름다웠다. 올라오는 길목에 수많은 음식점·카페·기념품 상회가 늘어서 있어 사람들이 많이 찾는 곳이라 한다. 절을 지을 때 쇠못을 사용하지 않고, 목재를 정교하게 짜 맞추어 축조했다는 흑갈색의 건물이 깎아지른 절벽과 어우러져 운치가 그만이었다. 문화재 보전을 위해 실내에서는 사진촬영도 금하며 전기 시설도 하지 않고, 자연광만 사용한다고 한다. 이들의 치밀하고 수준 높은 문화재 보호정신은 우리가 본받을 만한 덕목이라 생각이 들었다. 탐방 마지막 날은 나라 근교에 소재한 이조성·금각사·백제의 혼이 살아 숨 쉰다는 동대사를 관광하였다. 이조성은 교토 남부에 있는 성으로 규모가 웅장한 게 특징이고, 도쿠가와이에야스가 토요토미히데요시를 제압하고, 도쿄에 에도 막부를 세웠으나 정작 본인은 교토에 머물면서 기거하던 성이라 한다. 이 성에도 해자가 있으며 여러 건물 중에 성의 중심인 니노마루의 화려한 건축미가 돋보인다고 한다. 금각사는 아담하고 정교한 멋을 자랑하며 무라마찌 시대를 대표하는 문화재라 한다. 백제인에 의해 세워졌다는 동대사는 세계 최대의 목조 건물이며 투구양식을 빼면 우리나라 전통 사찰 건물을 빼닮았다고 한다. 기둥 아래 주춧돌을 놓은 것 역시 우리나라 건축 방식이라 한다.

어마어마한 불상은 석굴암의 삼존불상의 모습과 많이 닮아 보였다. 우리 조상의 숨결을 느끼며 호텔로 돌아와 긴 여정을 돌아보며 마지막 밤을 보냈다. 이번 탐방의 마지막 날. 공항으로 가는 길에 오사카에 위치한 사천왕사를 둘러봤다. 백제의 건축가 유씨에 의해 지어진 건물이라 한다. 백제 기술자들이 세웠다는 5층 목탑이 우리 일행을 반겼다. 한식 식당에서 나그네의 마지막 점심을 해결하고, 1시45분 부산행 비행기에 몸을 실어 현해탄을 건넜다. 일본 탐방에 할애된 일정이 너무 짧아 단원들이 모두 아쉬워했다.

세계적인 경제대국으로 부상한 일본. 그러나 자만하지 않고 기본과 기초를 존중하고, 옛 것과 새것을 잘 조화시켜 앞으로 나아가는 여유로움과 부지런하고 친절한 국민성 덕분에 오늘의 일본이 있다는 생각이 들었다. 작으면서도 강한 나라 일본. 우리나라가 지금은 비록 따라가는 입장이지만 머지않은 후일 국방·경제·문화·과학기술·산업 전반에 걸쳐 일본을 앞지르고, 세계 만방에 대접받는 나라로 거듭나는 그날을 상상해본다.

5부

교육 단상斷想

공교육이 무너지고 있다 | 텃밭 | 배구장의 악바리들
촌사람 | 가정방문 | 소풍 | 쑥섬의 가족학교
방학 | 주말 농장 | 취미 | 우리의 소원은 통일
부모는 가장 훌륭한 스승이다

공교육이 무너지고 있다

우리나라의 전통교육은 삼국시대·고려시대·조선시대를 거쳐 오면서 중앙의 성균관과 지방의 향교·사립학교의 성격을 띤 서원을 중심으로 공자의 가르침인 유교와 역사 교육을 중심으로 평생교육과 국정 운영에 필요한 관리를 양성하는데 목적을 둔 서당식 교육의 형태로 이루어져 왔다. 우리나라에서 근대적인 공교육이 시작된 것은 갑오경쟁과 한일 합방 이후라고 보아야 합당할 것이다. 나라의 주권을 빼앗긴 처지에서 거세게 밀려드는 외세와 서양문물의 혼돈 속에서 우리나라 정부가 주체가 되어 우리 백성들의 힘으로 우리에게 알맞은 공교육을 출범시키지 못한 것은 참으로 안타까운 일이다. 일본을 비롯한 서양 열강들의 틈바구니에서 갖은 어려움을 겪어야 했고, 딱히 이들의 영향력을 배제시킬 힘도. 의지도 없었던 게 당시의 숨길 수 없었던 우리의 부끄러운 민낯이었다. 우리 국민을 대상으로 학교를 세우고, 교육에 임하는 나라들마다 자국의 이익을 좇아 그 목적과 의도하는바가 사뭇 달랐을망정 그들의 도움 자체에 대해서는 고맙다는 생각이 든다. 우리나라 공교육의 전신으로 우리가 세운 육영공원과 원산학사를 비롯해서 서양 선교사들이 세운 배제학당·이화학당 같은 새로운 학교들이 생겨나서 이들을 중심으로 우리 젊은이들을 모아 신교육을 시작함으로서 우리 국민들로 하여금 교육에 대해 눈을 뜨게 하였고, 우리국민들의 의식을 바꾸었으며 뿌리 깊은 우리의 악습을 걷어내게 되었다. 이에 그치지 않고, 서양의 발전된 문물을 널리 전파하여 우리 사회를 선도하고, 발전시킨 공이 크다 아니할 수 없다.

우리나라의 공교육은 1948년 정부수립이후 새 헌법과 함께 정식으로 출범하였다. 정부수립을 전후하여 한 때 사회적 혼란을 겪으면서 우리 공교육도 어려움과 시행착오가 많았지만 이를 모두 극복하고, 우리 힘으로 우리 국민들에게 맞는 교육제도를 만들고, 학교를 설립하였다. 각급 학교의 교육 내용을 우리 실정에 맞게 편성하여 운영함으로서 학교 교육이 정상궤도에 오르게 되고, 대학 교육도 덩달아 발전에 발전을 거듭하게 되었다. 그 성과로 일찍이 문맹을 퇴치하여 세계에서 가장 문맹률이 낮은 모범국가가 되었고, 끈질긴 북괴의 만행과 방해에도 불구하고, 산업현장에 폭발적으로 늘어나는 산업역군을 길러 내 산업화와 근대화를 뒷받침하였으며, 그토록 갈망하던 민주주의까지 짧은 기간에 꽃피웠다. 학문의 체계를 확립하여 발전시켰으며, 문화·과학·우주·항공·반도체·스포츠·AI·한류 등 모든 분야에서 괄목할만한 성과를 거두면서 오늘날 교육 강국과 경제대국의 면모를 세계만방에 널리 알리고. 우리 민족의 저력을 유감없이 발휘하고 있다. 모두 한글 덕분이요, 교육 덕분이다.

그런데 최근 공교육이 무너지고 있다는 말이 들린다. 너무 자주 들린다. 초·중·고등학교의 교육현장에서 흘러나오고, 대학주변에서도 흘러나온다. 언론 보도가 이를 확인시켜주고 있으니 거짓이 아닌 것 같아 더 걱정이다. 무슨 사건이 터지기 전에 대부분 이상 징후가 나타나기 마련이다. 지금 들려오는 걱정스런 말들이 사실이라면 그냥 들어 넘길 사안이 아닌 것 같다. 대대적인 점검이 필요한 시점이라 생각된다. 그렇지 않아도 가정교육이 실종되고, 사회교육이 제 기능을 발휘하지 못하는 현실을 감안하면 우리나라 교육 전체가 중병을 앓고 있다는 증거다. 초·중·고등학교 학교교육현장에서 들려오는 문제점들을 요약 정리하면 교육 주체인 학교가 일부 빗나간 학부모들의 이기주의에 휘둘려 교육적 기능을 제대로 발휘하지 못하고 있다는 점이다. 선생님들이 학부모들의 눈치를 살피며 사명과 소명을 망각한 채 적당히 타협하는 분위기로 변하고 있다니 큰일 아닌가? 소명과 소신·사명감은 선생님들의 무기다. 이 무기를 바르게 쓸 때 신뢰의 뿌리가 튼튼히 내리고, 교육권敎育權도 제 기능을 발휘할 수 있을 것 아닌가? 교육대학에서 터득하고. 교직에 몸을 담으면서 다짐한 초심으로 돌아가 소명·소신·사명감을 빨리 회복하여 교권을 바로 세워야 할 것이다. 여러 가지로 어려운 시기임을 감안하여 선생님들의 주변도 철저하게 관리하여 부정적 빌미를 제공하는 사례가 없도록 유념해야겠다. 선생님들이 바로서야 교육이 바로 서고, 나라도 바로 설 수 있기 때문이다. 다음의 문제는 선생님들의 사기를 진작시키고, 선생님들의 보호막이 되어야할 교육당국이 선생님들의 편에 서지 못하고, 학부모와 사회 여론에 편승하거나 안주하는 경향이다. 지금처럼 교육당국의 애매모호한 태도를 일신하여 교육의 주체인 교사들의 소신을 대변하고 사명감과 소명의식을 지켜주면서 사기를 높일 수 있는 행·재정적 지원에 적극 나서야 할 것이다. 다음의 문제점은 일부 교사들의 일탈 행동이다. 나라가 지향하는 자유민주주의를 흔쾌히 받아들이지 않거나 받아들이지 못하는 상당수의 교사들이 교육 현장에 존재하고 있다. 이들은 우리나라의 교사라고 인정할 수 없다. 이들에게 배우는 학생들도 불행하고, 나라도 불행하고, 해당 선생님들도 불행하다. 이런 부류의 선생님들을 하루 속히 교육현장에서 떠나도록 해야 할 것이다.

대학교육에서 발생하는 가장 큰 문제점은 입시부정이다. 이 문제도 일부 학부모들의 이기심이 원인이 되고 있다. 수년간 언론을 통해 사회문제가 되어 세상을 떠들썩하게 했던 입시 부정 사건들에서 보듯이 국가의 요직을 차지한 지도급 인사들이 권력과 힘을 이용하여 엄연히 법을 어기면서 부정을 저지르는 점이다. 재판을 받아 판결이 났음에도 잘못을 시인조차 않는 당사자들이 있으니 우리 사회에 정의가 기능을 하는 건지 모르겠다. 더욱 가증스러운 것은 이들이 정의라는 말을 입에 달고 사는 사람들이니 크게 헷갈린다. 다음의 문제점은 정원 관리다. 우리나라는 대학이 너무 많고 방대하다. 정원도 너무 많다. 해마다 정원을 채우지 못하는 대학들이 부지기수라는 말도 전해 들었다. 이로 인해 발생되는 부작용이 너무 크다. 학부모의 경제적 부담도 만만찮다. 개인 적으로 산학 관련 당사자들이 유기적인 협의체를 구성하여 대학 수와 정원을 획기적으로 줄여 현재의 1/4 수준으로 조정하는 제안을 드리고 싶다. 이와 더불어 고등학교의 실업교육을 대폭 확대하고 임금 격차를 줄이는 특단의 조치도 필요할 것 같다. 다음은 정치에 물들고 이념의 노예가 된 어용 교수들이다. 이들은 학문에 관심이 없고, 다른 목적을 가지고, 교육을 망치는 암적 존재들이다. 하루 속히 이런 부류의 교수들을 교단에서 추방시켜야 대학교육이 바로 선다.

며칠 전 지인들 모임에서 분위기를 화끈하게 달군 화제가 바로 공교육 문제였다. 참석자들은 대부분 교육에 몸담았던 원로들이고, 아직도 현직에 몸을 담고 있는 후배들도 있어 학교 교육 현장이야기들이 자연스럽게 토론으로 이어졌다. 대체로 나와 같은 걱정들을 하고 있었다. 모임 말미에 원로들보다 현장소식에 밝은 한 후배로부터 소개받은 이야기하나가 좌중을 우울하게 만들었다. 유튜브 방송을 통해 알려진 이야기라고 한다. 충격이 매우 컸다. 사건의 개요를 정리하면 이렇다. 모 초등학교에서 오전 수업이 진행 중인 시간에 가방을 들고 학교를 빠져나가려는 학생을 교감선생님이 발견하고, 확인해보니 3학년 학생이었다고 한다. 담임선생께 허락도 받지 않았다고 하니 선생님을 찾아가 말씀을 드리고 가야한다며 타이르는 과정에서 난데없이 학생이 교감 선생님의 뺨을 때리며 항의한 사건이다. 설득은 계속 되었고, 교감 선생님은 어린학생에게 몇 차례 더 봉변을 당했단다. 학부모에게 연락하여 자초지종을 알리고, 병원에 가서 검사를 받아보는 게 어떻겠느냐고 제안했더니 학부모가 펄쩍 뛰면서 아이는 잘못한 게 없고, 선생님과 학교 당국에 잘못이 있다면서 행패를 부렸다고 한다. 반성의 기미도 보이지 않고 계속 학교의 잘못이라 주장하고, 항의하니 학교 당국도 그냥 넘길 사안이 아니라 여기고, 학부형을 상대로 고발을 한 상태라고 한다. 더욱 기가 막히는 것은 이 학생의 이런 행태가 처음이 아니고, 전 학교에서 유사한 사건으로 전학 조치를 받아 이 학교에 전입한지 얼마 되지 않았다고 하니 어안이 벙벙할 따름이다. 이와 유사한 사례들이 자꾸 발생한다고 하니 걱정을 넘어 공교육 무너지는 소리가 귓전을 때린다. 이 내용이 사실이라면 우리 교육 어찌해야 좋을까? 학교현장의 문제이니 학교나 선생님들께 맡겨두거나 책임을 미루면 문제가 해결 될 것인지? 학교 교육현장이 이 지경에 이르렀다면 학교나 교육당국의 손을 이미 떠났다고 보아야 하지 않을까. 교육 당국과 국가와 언론이 함께 나서야 할 때라고 생각된다. 범국민적인 여론을 모으고 해결방안을 찾아내 전 국민이 함께 노력하는 것 말고는 해결책이 없는 것 같다.

텃밭

우리 학교에는 하루 두세 차례 직원들의 발길을 불러 모으는 장소가 있다. 교문 진입로 오른 편에 있는 텃밭이다. 그곳에는 알록달록 제철을 대표하는 무공해 채소들이 직원들과 아이들의 사랑을 먹고 무성할 대로 무성하다. 상추를 비롯해서 시금치·아욱·정구지·고추·배추·무·감자·고구마까지 없는 것 말고는 다 있다.

부임을 했을 때만 해도 이곳은 갈대·쑥부쟁이·개망초 같은 잡초가 하늘을 가리고, 덤불 속 낮은 공간에서는 이름 모를 풀들이 살아남기 위한 자리다툼으로 해가 저물고, 날이 새는 가운데 아무렇게나 자란 풀들이 마치 게으름뱅이 턱수염처럼 볼썽사나운 모습을 한 채 버려져 있었다. 중장비로 잡초를 걷어 내고, 땅을 갈아엎어 구획을 정리하였다. '덕도 체험학습장'이라는 팻말까지 만들어 붙였더니 학교의 얼굴이 이발소에 갓 다녀온 신사처럼 말쑥해졌다. 정서적인 분위기를 해치는 미관 때문에 무거웠던 마음이 가벼워지고, '좋은 땅을 버려두고 있다.'는 주위의 비난 여론까지 잠재울 수 있게 되었다. 내심 바라던 바였지만, '텃밭을 만들어 학생들에게 체험학습의 장으로 활용하게 해 달라'는 건의를 해주신 교직원들이 더없이 고마웠다. 밭의 형태를 갖추었다고는 하나 채소들이 자리를 잡고, 그들의 보금자리로 만족하기까지 선생님들은 수 없는 땀방울을 흘려야 했다. 돌을 가려내고, 이랑을 만들고……. 삽과 괭이자루를 처음 손에 쥐어 보는 선생님이 있는가하면, 대부분 일하는 요령을 알 리 없는 샌님들이라 숙련된 일꾼의 몇 갑절이나 되는 고생을 감내해야 했다. 그러나 본인의 손으로 텃밭을 가꾼다는 기대와 학생들을 가르쳐 보겠다는 열정이 힘든 고비를 거뜬히 넘게 하였고, 덕분에 예쁜 텃밭 하나를 탄생시킨 것이다. 몇 차례나 물집이 생겨 터진 손바닥의 상처는 자신을 이겨낸 승리의 훈장으로, 비지땀을 훔쳐낸 얼굴 위에 번지는 미소는 행복의 증표로 다가왔다.

학교 텃밭에 가면 아이들처럼 순수한 우리 선생님들을 만날 수 있다. 어미닭처럼 아이들을 데리고 다니며 근로의 신성함을 일깨워주기도 하고, 분신처럼 작물을 돌보며 교감을 나누는 모습은 일상의 가면을 벗은 자연그대로의 참

모습이다. 건강이 얼굴에 묻어나와 아름다움이 돋보인다. 믿음직스러운 이웃 아저씨 아줌마이고, 외진 길가의 찔레꽃처럼 청초한 모습들이다. 그곳에 가면 심은 대로 나고, 주인의 사랑만큼 자라는 정직한 채소들도 만나게 된다. 씨앗이 싹을 틔워 뾰족뾰족 땅거죽을 뚫고 앙증스런 모습을 드러내면 모두들 탄성을 지르며 순식간에 아이가 된다. 부모가 누구인지, 어떤 모습인지 본적도·들은 적도·보호를 받은 일도 없지만 스스로 뿌리·줄기·잎을 만들어 자신의 생명을 씨앗으로 남겨준 그들의 아빠·엄마를 닮아가는 식물들의 신비로움은 우리의 발길을 자꾸 이곳으로 끌어들인다.

텃밭에 가면 또 한 사람 특별한 이와 특별한 곳을 만난다. 등줄기를 타고 내려온 땀으로 삼베적삼을 흥건히 적시고, 이마에 송골송골 땀방울을 매단 채 텃밭 귀퉁이에서 바쁜 손놀림으로 푸성귀를 뜯어 다듬고 있는 우리 어머니이고, 어릴 적 우리 집 사랑채 앞에 있던 돌담으로 둘리어진 아담한 텃밭이다. 이 텃밭은 냉장고가 없던 시절 살아 있는 채소를 통째로 보관해두었던 냉장고였고, 어머니의 인심 보따리를 쌓아두었던 창고였다. 날이 밝으면 논밭에 나가 일을 해야 하고, 밤이 되면 길쌈을 해야 하는 어머니에게 삼시 세끼 음식을 조리하는 시간은 자투리 시간일 수밖에 없었다. 들에서 돌아와 부랴부랴 밥을 안쳐 주고, 물동이와 소쿠리를 가지고 종종 걸음으로 사라진다. 동생과 함께 아궁이에 불을 때서 밥을 짓고 뜸을 들이는 짧은 시간에 어머니는 텃밭에서 채소를 꺼내오고, 동네 우물에서 물을 길어와 뚝딱뚝딱 하면 식사 준비 끝이다. 상추는 쌈의 모습으로, 호박·아욱은 국그릇에 담기고, 정구지·시금치는 나물이 되고, 풋마늘·풋고추는 알몸으로, 오이는 냉국으로 모습을 바꾸어 두레상을 채우면 어머니의 사랑이 그득한 식탁이 되곤 했었다. 넉넉한 채소는 어머니의 인심을 데리고 돌담을 넘어가 이웃집 식탁의 자리를 차지하기도 하고, 이웃집 특별 음식이 돌담을 넘어와 우리 식탁에 자리 잡기도 하였다. 이처럼 돌담은 이웃 사이에 인심이 오가는 길목이요, 텃밭은 인심을 저장해둔 곳간이었다.

우리 학교 교직원들은 점심시간을 몹시 기다린다. 잔칫집 같이 진수성찬은 아니나 갓 뜯어온 싱싱한 푸성귀들이 다양하고 푸짐하여 보기만 해도 군침이 돈다. 숭숭 벌레가 구멍을 뚫어 볼품없는 것이 대부분이지만 그런 것일수록 인기가 높다. 직원들이 한자리에 둘러 앉아 먹는 점심은 꿀맛이다. 본인이 기른 채소 자랑·아이들 자랑 등 숱한 이야기들이 꽃을 피우고, 이야기 차례를 기다리는 동안 손사이로 흘러내리는 물을 털어내며 풋풋한 채소맛과 향기로 금세 배가 불러 온다. 수확 체험의 날이 되면 전교생이 나서 감자·고구마를 캐고, 옥수수를 딴다. 잔디밭에 전교생이 둘러 앉아 선생님들이 삶아내고, 모닥불에 구어 낸 수확물을 시식하며 근로와 수확의 기쁨을 나눈다. 그 날은 아이들의 일기장마다 텃밭 일색으로 수가 놓인다. 자주 있는 일은 아니지만 학교를 찾아오신 손님이 돌아갈 때는 방문 기념품으로 채소 상자를 손에 쥐어준다. 각별한 선물을 받아들고, 어린아이처럼 기뻐하는 손님들의 모습은 볼 때마다 흐뭇하다.

'텃밭에 드나들다보면 채소가 학급아이들로 보이고, 아이가 채소로 보인다.'는 어느 선생님의 말을 듣고, '이제 우리 선생님들이 농사꾼이 다 되었구나.' 하는 생각이 든다. 채소를 가꾸는 일이 아이들 가르치는 일과 꼭 같은 것은 아닐지라도, 상당부분 공통점이 있기 때문이다. 도심지 아이들보다 부모님들의 사랑이 부족한 우리 아이들이 선생님들의 사랑 속에서 텃밭 채소들처럼 무럭무럭 자라기를 소망해본다. 가족들의 식탁에 올릴 채소 보따리와 별도로 친척·친지·이웃들의 몫까지 챙겨 들고, 집을 향하는 선생님들의 등 뒤로 넉넉한 미소가 따라붙는다. 텃밭에서 채소를 다듬으시던 어머니의 모습은 내 뒤를 따라 오시고…….

배구장의 악바리들

모처럼 반가운 손님들이 찾아 왔다. 모교에 근무하면서 여자 배구부를 창단하여 함께 땀을 흘린 적이 있는 데 그때 활약했던 선수들이다. 그동안 경향각지에 흩어져 서로 소식을 주고받긴 했으나 한 자리에 모인 것은 이번이 처음이다. 진작부터 모임 이야기가 대두되었지만 전통적인 가정의 주부들 신분에 살림 꾸리고, 자녀들 뒷바라지하느라 여념이 없는 현실 때문에 차일피일 늦어져 오늘에 이르렀다고 한다. 이제 중년을 넘어 운신의 폭이 넓어지고, 마침 내가 정년퇴임 후 집에서 놀고 있다는 말을 전해 듣고 급기야 성사가 되었으나 오늘도 특별한 사정으로 참석하지 못한 친구들이 있고, 유명을 달리한 사람들까지 있어서 충격이 컸다. 유명을 달리한 두 친구의 명복을 빌면서 금정산속 전망 좋은 음식점에서 회포를 풀기 시작했다.

내가 모교에 부임한 72년 가을. 운동회 연습에 집중하고 있을 때 한 친구가 찾아 왔다. 학교를 한 바퀴 둘러보면서 낡은 국기 게양대를 발견하고, 새것으로 바꾸면 어떻겠느냐고 물어왔다. 교장선생님께 사실을 아뢰었더니 흔쾌히 허락해주었다. 며칠 후 새 게양대가 모습을 드러내고, 배구공도 30개나 따라왔다. 언젠가 모교에서 배구부를 창단해서 가르쳐 보겠다는 의사를 밝힌 적이 있었는데 그 말을 귀에 담아두었던 모양이다. 다음날 그 친구가 직접 찾아와 본인이 힘닿는 데까지 도와보겠으니 배구부를 창단해보자고 했다. 교장선생님도 크게 환영하며 고마운 마음을 전했다. 친구 노사장은 나와 본교 동기동창으로 담을 사이에 두고 앞뒷집에서 자란 죽마고우다. 이렇게 하여 4학년 여학생을 주축으로 하는 휴천초등학교 배구부가 창단되고, 선수 선발에 이어 본격적인 훈련에 돌입하게 되었다.

배구장에서 비지땀 흘리며 보낸 4년은 선수들이나 나나 세상을 살면서 특별한 의미를 갖는 시간이 되었다. 모든 열정을 배구에 쏟고, 수많은 땀을 코트에 뿌렸다. 힘든 고통을 참아내고 숱한 고비를 함께 넘겼다. 고사리 같은 연약한 팔뚝에 맺힌 피멍자국과 시꺼멓게 그을린 얼굴을 보며 애처로운 생각으로 마음이 아팠다. 학부모들도 나처럼 애태우며 마음 아파했을 것이다. 이쯤해서 그만 뜻을 접을까 하는 생각도 해봤다. 그러나 정작 선수들은 이를 대수롭지 않게 여기며 오히려 배구의 묘미와 재미에 깊숙이 빠져들고 있었다. 힘겨운 훈련을 달갑게 받아들이며 스스로 연습에 매달렸다. 선수들 끼리 경쟁을 벌여 선수 모두가 언더핸드 토스연습을 하는데 땅에 공을 떨어뜨리지 않고, 이천 번 이상 계속하는 귀염을 토하기도 했다. 누가 시킨 일이 아니다. 한해 겨울을 넘기면서 재미와 흥미 중심의 초보 훈련 단계를 벗어나 기본기가 다듬어지고, 게임에 대한 이해도도 높아져 점점 배구 선수의 모습으로 변해갔다. 함양군에서 여자 배구부를 육성하고 있는 초등학교가 두 곳 있었다. 모두 우리 보다 배구 역사가 길고, 전력도 상당 수준이라는 이야기를 듣고 있었다. 지인을 통해 ㅇ학교와 연습경기를 해보자고 제안해 성사가 되었다. 노사장을 비롯해 몇몇 관계자와 함께 원정길에 올랐다. 선수 이동경비를 포함하여 그날 경비를 노사장이 전액 부담하였다. 경기결과는 우리 선수들이 2:0으로 승리하였다. 연습경기와 관계없이 첫 승리의 쾌감에 들뜬 선수들이 서로를 얼싸안고 눈물을 쏟는 모습이 가슴을 울컥하게 했다. 선수들은 성취감에 취했고 이를 지켜보는 관계자들도 같이 흥분하여 선수들을 칭찬하고 격려하였다. 이를 계기로 선수들은 그 동안 고생을 한꺼번에 털었고, 새로운 희망에 부풀었다. 교장선생님을 비롯한 교직원과 학부들까지 예전과 다른 관심을 보이기 시작해서 배구부의 앞길이 탄탄해졌다. 경기장에서 파이팅을 외치는 선수들을 보고 누군가가 악바리 배구팀이라는 별칭을 붙여주기도 했다. 그 뒤 ㅇ학교는 물론 ㅅ초등학교와도 초청 경기와 원정 경기가 수차례 더 있었지만 번번이 우리가 이겼다. 74년 가을 함양군 교육청이 주관하는 구기 평가전에 참가하여 경쟁자 두 학교를 여유 있게 따돌리고 영예의 군 대표 자리를 차지하였다. 아울러 경남소년체전 예선 출전 티켓까지 확보하였다. 창단 2년 만에 이룬 쾌거였다. 이때도 노사장은 선수 유니폼과 모든 경비를 부담하였다. 이듬해 봄 합천에서 치러지는 대망의 예선전에 당당히 출전하여 선전하였으나, 다른 두 출전 학교의 선수들보다 평균 10센티미터까지 차이가 나는 신장의 열세를 극복하지 못하고 꿈을 접게 되었다. 공격력은 상대 두 학교가 월등했으나 수비력은 우리 선수들이 단연 뛰어나서 관전자들이 체구가 작은 우리 선수들을 응원하고 박수를 보내는 기이한 장면이 연출되기도 했다. 비록 경기에서 졌지만 당당하고 명분 있는 패배로 평가 받았다. 그 때의 감격을 선수들도 잊지 못했을 것이고, 나도 마찬가지다.

그날 밤 모임은 금정산 식당에서 시작하여, 노래방으로, 노래방에서 좁고 누추한 우리 집으로 이어져 끝없는 배구 이야기로 밤을 새웠다. 연습할 때 힘들었던 이야기는 등장하지 않았고, 즐겁고 재미있었던 이야기가 주류를 이루었다. 특히 훈련 과정에서 우리 집을 자주 드나들었는데 이때마다 간식을 챙겨준 아내와 정을 나눈 이야기도 있었다. 그날도 방문 소식을 들은 아내가 이것저것 준비를 해서 그들을 기쁘게 했고, 그들은 아내의 정성에 고마움으로 보답했다. 모두가 고마운 일이다. 그때 익힌 배구 실력은 중학교·고등학교 시절에도 진가를 발휘하여 친구들의 부러움을 샀고, 지금도 직장·어머니회 등의 배구팀에서 현역으로 배구를 즐기고 있다니 그들에게는 삶을 살아오면서 배구라는 운동이 소중한 자산으로 활용되고 있다며 배구가 자랑스럽고 고마운 운동이라 입을 모았다.

초등학교 배구부로 4년을 활동하면서 흘린 많은 땀과 숱한 고비가 있었지만 중년을 넘어서 되돌아보니 힘들었던 그 때가 가장 즐겁고 행복했던 시간이었다는 공통된 이야기를 듣고, 이들에게 최소한 죄를 짓지는 않았구나 하는 마음으로 위안을 삼는다. 배구경기력은 말할 것도 없고, 연습과정에서 직간접적으로 길러진 체력·극기심·인내심·근성·집중력·결단력·책임감·경쟁심 같은 것들이 생활을 영위하는 바탕이 되고 원동력이 되어 삶의 폭과 품격을 높이고 있다하니 마음 든든하다.

촌사람

어제도 옛 동료들과 회식자리에서 "촌놈이"라는 말을 들었다. 살아오면서 지인들로부터 자주 들어온 말 중 하나다. 직장 따라 고향을 등지고, 못내 그리워하던 도시 복판에 새 보금자리를 마련하면서부터 맺어진 이 말과의 달갑지 않은 인연이 사십년 넘도록 이어지고 있다. 한 때 이 인연을 끊기 위해 안간힘을 쓰며 소중한 시간을 낭비하던 때가 있었다. 도시생활에 적응하려고 버둥대던 때다. 이놈은 때와 장소를 가리지 않고 불쑥불쑥 나타나 어색한 분위기를 만들고, 갈등을 부추겼다. 열등감과 수치심을 자극하는가 하면 자존심을 건드리기도 하고, 중요한 일마다 딴죽을 걸어 훼방을 놓기도 하였다. 돌이켜보면 상대방으로부터 직접 '촌사람'이라는 말을 듣거나 무시를 당했던 게 아니라 대부분 자격지심이 스스로 촌사람이라는 틀을 만들어 나를 가두고, 비하하면서 부끄러운 장면들을 연출했던 것으로 생각된다. 하지만 그때는 바뀐 환경 때문에 생기는 모든 불편이 이 불청객 때문이라 믿었던 탓에 이놈과 헤어지려고 애쓰던 기억이 새롭다. 그러나 거둔 성과는 없었다. 무장아찌에 스며든 된장 맛을 제거하는 일이 쉽지 않듯이 어릴 때부터 뼛속까지 배어든 촌티를 뽑아내는 일 또한 만만하지 않았다. 어쩌면 근본을 망가뜨리는 일일 수도 있어 처음부터 가능한 일도 아니었고, 그렇게 해서도 안 되는 일이었는지 모른다. 다행스러운 것은 세월이 흐르고, 도시생활에 안착하면서 나의 촌스러움에 대한 주위사람들의 생각이 나의 걱정과 달랐다는 사실을 깨달은 일이다. 나의 좋은 점만 가려서 보았는지 반복되는 그들의 싫지 않은 평이 촌사람 콤플렉스를 해소시켜주고, 자괴지심을 자부심으로 바꾸어 주었다. 동전에 양면이 있듯이 촌사람이나 도시 사람이나 모두 장단점을 가지고 있다는 사실도 깨달았다. 그 때부터 촌사람이라는 사실을 부끄럽게 여기지 않았고, 그것을 감추려 안절부절못하지도 않았다. 이제는 촌사람임을 은근히 드러내 자랑하며 즐기는 여유까지 부리게 되었다.

내려다보이는 산골 동네는 가을이 한창이다. 가지가 휘어지도록 매달린 감과 섬돌에 널린 고추가 동네를 온통 불꽃으로 물들이고, 들녘엔 일렁이는 황금물결을 따라 허수아비의 춤사위가 현란하다. 바깥마당에선 새끼 짐승들이 우리에서 빠져나와 어미 가슴보다 더 포근한 가을 햇볕을 즐기고, 앞 도랑은 풍년을 속삭이는 노래로 흥을 돋운다. 나는 지금 나와 촌사람의 정체성을 확인하고자 내가 태어난 동네 앞산 꼭대기에서 동네를 내려다보며 대화를 나누고 있다. 새마을운동으로 지붕과 담장과 골목길이 단장되고, 군데군데 전신주와 가로등이 새로 자리를 잡아 옛 모습 그대로를 볼 수 없는 아쉬움이 없는 건 아니지만 다행스럽게도 전체적인 모습이 크게 달라지지 않았고, 구석구석 옛 이야기들을 고스란히 간직하고 있어 눈물겹도록 고맙다. 사방을 에워싼 산·파란 하늘·구불구불 산모롱이를 감도는 신작로를 따라 늘어선 동네·동네와 동네 사이를 이어 주는 들판이 한가롭기 그지없다. 시선이 머무는 곳마다 추억의 조각들이 아침 이슬처럼 반짝이며 옛 이야기를 이어주고, 나의 물음에 차근차근 대답해 준다. 나는 이 우물 안에서 태어나 청년이 될 때까지 대부분의 시간을 이 속에서 보냈다. 여기가 바로 나의 몸과 마음을 키워준 텃밭이다. 깨끗한 공기·맑은 물·기름진 땅 자연 그대로의 무공해 텃밭이다. 낮에는 해님이 밤에는 달님 별님이 번을 갈며 몸을 만지고, 꿈의 나래를 펼쳐 주었다. 자연은 스승이자 벗이요, 극복의 대상이면서 수호의 천사였다. 어린 시절에는 전쟁의 참상과 보릿고개를 겪는 어려움 속에서도 동무들과 어울려 산과 들을 쏘다니며 철따라 놀이를 즐겼다. 학교 공부를 하는 틈틈이 농사일을 도우며 가족과 이웃 사이에 끈끈한 정을 다지고, 몸과 마음을 닦으며 도심에서 경험하기 어려운 풍부한 감성과 다양한 동심을 향유하였다. 동네 사람들은 기쁨과 슬픔을 함께하며 부모를 섬기고, 어른을 공경하는 미풍양속을 대대로 이어왔다. 공동체 생활에 필요한 덕목과 생활의 지혜를 수범으로 가르쳐 주시던 어른들의 모습이 동영상으로 펼쳐지고, 허물을 꾸짖는 이웃 할아버지의 호통소리가 아직도 귀에 쟁쟁하다. 동구 쪽 논두렁 너머로 비스듬히 학교 지붕 일부가 보인다. 우물 안에서 제일 큰 지붕이다. 학교 역시 동네 못지않게 나를 키워준 중요한 공간이다. 순수하면서도 거칠게 자란 아이들이 여기에 모여 심신을 단련하고, 세상을 배웠다. 선생님들도 경쟁을 부추기는 지식교육보다 솔선과 감동을 통해 인간교육에 힘썼다. 도시 생활을 충분히 맛본 지금의 관점에서 보면 어느 것 하나 촌스럽지 않은 것이 없다. 꼬리를 무는 추억의 영상과 물음에 대한 답들이 나와 촌사람에 대한 정체성을 말해준다. 도시사람이 정장을 말끔히 차려 입은 신사라면 촌사람은 핫바지 핫저고리 차림으로 꾸미지 않은 이웃집 아저씨다. 큰 돌과 작은 돌이 섞여 튼튼한 석축이 되듯이 세상만사가 좋은 것들만 모여서 좋은 결과를 만드는 것은 아니다. 어수룩해 보이고, 덜 합리적이고, 덜 분명해 보이는 촌사람이지만 따뜻한 가슴과 그들이 풍기는 사람 냄새는 도시 사람에게서 찾아보기 어려운 장점이자 사람들로부터 호감을 사는 중요한 이유가 아닐까?

우리 동네에 아이들 울음소리가 사라진지 오래다, 학교 교문이 닫힌 지도 이십 년이 넘었다. 촌사람의 요람이던 농촌과 어촌의 많은 동네와 학교가 우리 동네, 우리학교 같은 처지가 되었고 점점 그 수가 늘어가고 있다니 앞으로 촌사람을 만나는 일도 쉽지 않을 전망이다. 이런 와중에 공교육 현장에 어려움이 많다는 소문까지 들려온다. 교권과 교육에 대한 신뢰가 예전 같지 않고, 영리주의에 편승한 일부 학원운영자들이 학부모들의 그릇된 이기주의를 부추겨 교육의 본질을 흐리고 있다는 이야기다. 이런 상황에서 공교육이 제 역할을 다하고, 인성교육이 제대로 이루어질지 마음이 무겁다.

풀숲을 비집고, 온 몸을 흔들어 배웅하는 들국화 한 그루가 내려오는 발걸음을 멈추게 한다. 특별히 아름답지도, 화려하지도 않은 너무나 수수하고, 너무나 평범한 꽃 한포기가 오늘 따라 유난히 마음에 큰 물결을 만든다.

가정방문

학교 교육현장에서 사라지는 활동이 점점 늘어나고 있다고 한다. 시대가 변하고, 교육 환경이 바뀌었으니 내용이나 방법도 달라져야 하는 것은 당연하다. 교육의 목표를 달성하기 위한 특정 교육활동이 그 소명을 다하고 다른 활동에 그 역할을 물려주고 현장을 떠나는 영예로운 은퇴는 마땅히 축복 받아야한다. 교육현장의 목적과 필요에 따라 부름을 받고 등판해서 묵묵히 헌신하며 이룩한 공과 업적은 합당한 대접을 받아야할 것이고, 부작용이 있었다면 그것은 그것대로 따로 평가해야 할 일이다. 비록 지금은 쓸모없는 제도가 되었지만 당시에는 그 필요성과 효용가치를 인정받고, 교육목표달성에 크게 기여했던 행사 중 대표적인 것으로 가정방문을 꼽을 수 있다. 새 학기 담임교사가 학급경영계획을 수립하기 위해 학생들의 실테를 파악하는 일은 기본이다. 학습 성취도평가를 통해 학습능력을 측정하고, 가정방문을 통해 가족관계·학습 환경·아이들의 성격·습관·장래 희망·부모의 요구사항 등 제반사항을 파악하는 것은 학생들을 가르쳐야할 선생님에게는 매우 중요한 일이다. 가정방문이 교육현장에서 오랫동안 환영 받으며 이바지한바 컸지만 언제 부턴가 촌지·치맛바람 등 오염된 단어들과 어울리면서 빛을 잃게 되었다. 그럼에도 불구하고 효용성 때문에 한동안 명맥을 유지해 왔는데 학부모들의 생활수준이 상향평준화 되고, 직장을 가진 학부모가 늘어나는 등 교육여건의 변화에 따라 역사의 뒤안길로 사라지는 사실을 보고, 개인적으로 가정방문과 얽힌 추억들이 많은 나로서는 아쉬움과 씁쓸함이 크다.

시골 농촌 학교에 첫 발령을 받고 얼마 되지 않아 가정방문을 경험하게 되었다. 선배 선생님들의 조언을 충분히 듣고 시작을 했지만 처음 겪는 일이라 기대와 우려가 컸었다. 그때만 해도 선생님들이 학부모들로부터 두터운 신뢰와 존경을 받고 있던 시절이었다. 나이가 한참 어린 나를 지나칠 정도로 환대해주어 당황스럽게 했다. 만나는 학부모마다 비록 시골에서 농사를 짓고 살지만 아이들을 잘 길러 보겠다는 희망과 의지를 숨기지 않았다. 하나같이 매를 때려도 좋으니 사람만 만들어 달라는 부탁을 잊지 않았다. 순수하고, 단순하면서도 절실한 이 부탁을 들으며 옛날 아버지 어머니가 선생님한테 했던 말이 떠올라 숙연해졌다. 선물이 마땅찮다며 짚으로 엮은 계란꾸러미를 내미는 어머니도 있었고, 손수 만든 손수건에 담배 한 갑을 곱게 싸서 호주머니에 넣어준 어머니도 있었다. 한사코 거절하는 나와 막무가내인 학부모의 실랑이가 이어지곤 했는데 패자는 항상 나였다. 이 순수한 정을 어찌 거절하며 어찌 잊을 수 있겠는가. 육십 년이라는 긴 세월이 흐른 지금도 기억에 생생하다.

창원으로 직장을 옮겼다. 산업화 깃발아래 공장이 들어서고, 국내 첫 계획도시 건설을 위한 기반조성에 힘을 쏟고 있던 시기이다. 시골 소규모 학교에서만 근무하다가 도회지 큰 학교에 오니 모든 게 서툴러서 적응하면서 애를 먹었다. 육십 명에 육박하는 동료직원·학부모·유관기관의 관계가 복잡하게 얽혀 농촌학교와 차이가 많았다. 특히 학부모들의 수준이나 의식이 높으면서도 이기적인 면이 두드러져 교사로서의 처신이 어려웠다. 부임하고 얼마 되지 않아 학부모들의 상담요청이 줄을 이었고, 그 중에는 촌지라고 하는 봉투를 내밀어 나를 당황하게 하는 이들도 있었다. 장황한 설명과 함께 돌려드리느라 진땀을 뺐다. 이런 나의 행위를 오해를 해서 나를 힘들게 하는 학부모도 있었다. 다행이 시간이 지나면서 나의 진정성을 이해하는 학부형이 늘어 오히려 학급경영에 보탬이 되었다. 이때 촌지에 욕심내지 않았던 일이 훗날 관리자가 되고, 퇴직을 할 때까지 금전으로부터 자유로운 삶을 살게 된 계기가 되었던 것 같다.

도회지 학교에서 첫 가정방문 기간이 돌아왔다. 일주일 동안 오후시간을 이용해서 방문이 시작되었다. 사전에 예고하지만 부모를 만나 상담이 이루어지는 확률이 낮았다. 학부모의 직업과 직장이 다양하고, 근무시간도 달랐기 때문이다. 생활수준도 차이가 많았다. 정해진 기간 안에 가정방문을 다 마칠 수 없어서 간접적으로 실태를 파악하는 일도 있었다. 가정방문 기간이 끝나고 한참 세월이 지난 어느 날 한 보호자로부터 전화를 받았다. 가정방문 기간에 외국출장으로 선생님을 못 뵈어 죄송하다며 시간을 내어 달라는 것이었다. 부부가 함께 나왔다. 식사 도중 아이에 관한 이야기와 더불어 세상사는 이야기까지 많이 나누었다. 이야기가 잘 통하고 호감이가는 사람들이었다. 헤어지면서 촌지 봉투 때문에 실랑이를 벌이면서 겨우겨우 거절하고 돌아 왔는데 집에 와서 보니 윗옷 안주머니에 문제의 봉투가 들어 있었다. 이 봉투를 돌려주는 과정에서 다시 만났고, 그날 술잔을 나누면서 의기가 투합 되었다. 번갈아가며 몇 번을 더 만나면서 친구가 되고 호형호제하는 사이로 바뀌었다. 학부모와 담임의 관계를 벗어나 같은 세상을 사는 이웃으로, 벗으로 발전 된 것이다. 전북 출신으로 산재병원에

입사하여 창원병원으로 전보된 지 얼마 되지 않아 친지가 없어 외롭던 차에 나를 만나 가까워지게 된 것이다. 그 후 고향 쪽으로 전근 가기까지 십여 년을 가깝게 지내는 사이가 되었다. 가정방문이 계기가 되어 학부모와 담임이 특별한 인연을 맺은 흔치 않은 경우라 할 수 있다.

마음이 담긴 작은 선물을 촌지라 한다. 이는 분명 좋은 말이다. 사람이 살아가면서 신세를 졌거나 도움을 받은 사람에게 촌지로 사례하는 것은 미풍양속에 속한다. 촌지라는 말을 충족시키기 위해서는 첫째로 마음이 담겨야하고, 선물이 작아야 하며 이면에 다른 바램이 없어야 한다. 작다는 말이 다소 애매하지만 이는 과하지 않아야 한다는 말과 통한다. 과유불급이라는 말이 있듯이 형평을 잃거나 불순한 마음이 작용하면 일을 그르치기 마련이다. 촌지라는 말이 치맛바람과 어울려 교육현장을 오염시키는 일이 더 이상 없도록 선생님과 학부모가 함께 성찰하고, 노력해야 할 것이다.

소풍

섬마을 학교에 부임하는 날 폭풍주의보 발령으로 여객선이 묶여 하루를 늦게 부임해야 되는 상황이 발생했다. 다른 선생님들도 모두 육지에 집을 두고 있어 하루 전날 섬에 들어와서 개학식을 하고, 산뜻하게 새 학기를 시작해야 하는데 첫날부터 하늘과 바람이 말렸다. 산골 촌사람이 농촌학교와 도시학교를 거쳐 섬마을 학교에 발령을 받아 새 생활에 대한 기대로 가슴이 한껏 부풀었는데 출발은 순조롭지 못했다. 자연의 순리를 겸허히 받아들이지 않으면 안 된다는 평범한 진리를 일찍 깨우쳐 준 하늘에 감사할 따름이다. 하루하루가 새로움으로 이어지는 섬 생활에 푹 빠져 들었다. 어릴 적 산골에서 말로만 들었던 바다·책으로만 접할 수 있었던 섬과 항구·바다위에 한가로이 떠 있는 배·수평선과 갈매기……. 산등성이에 앉아 남쪽 하늘을 바라보며 얼마나 동경하던 것들인가. 이제야 이들 속에서 더불어 생활하게 되었으니 해묵은 소망 하나를 이룬 셈이다.

학교에서는 소풍에 대하여 운을 뗀 일도 없고, 아직 달 반가량이나 남았는데 학교 봄 소풍 이야기로 섬 주민들은 들떠 있다. 학부모와 학부모 아닌 사람 구별이 없다. 지역 유지들과 학부모 아닌 일반 사람들까지 나서서 소풍날을 점치고 손꼽아 기다리며 소풍 준비에 관한 의견을 나누는 상황을 보고 참 특이하다는 생각을 갖지 않을 수 없었다. 뒤에 알게 된 일이지만 학교의 중요한 행사는 섬 전체 주민들의 축제라고 한다. 주관은 학교가 하지만 계획 단계에서부터 주민들의 의견을 반영하고 함께 협조해나가는 전통이란다. 경상도지방에 예부터 내려오는 회치라는 풍습이 있다. 매년 수차례 마을 주민들이 회식과 함께 가무를 즐기는 날이다. 소풍과 회치를 합한 게 바로 소풍이라고 이해하면 될 것 같았다. 섬을 떠들썩하게 달군 소풍날이 되었다. 오전에는 학교가 주체가 되어 학생들을 위한 행사가 진행되었고, 점심때는 섬 부녀회에서 마련한 생선회와 푸짐한 해산물 부식과 함께 선생님들의 점심까지 챙겨 주었다. 오후에는 학생들을 집으로 돌려보내고, 주민들과 교직원들이 어우러져 부녀회에서 마련한 음식을 나누며 친교를 나누었다. 나중에는 장구·탬버린 등 악기가 동원되고, 화합의 장이 이어졌다. 자정이 넘어서야 끝을 맺었다. 섬이라는 제한

된 공간에 갇혀 쌓인 스트레스를 풀고, 서로 돕고 살아야하는 이웃과 화합을 다지고 선생님들과 대화를 나누며 가까워지고 신뢰를 쌓은 좋은 하루가 되었던 것 같다. 가정·학교·사회가 유기적으로 하나가 되어야한다는 교육 삼위일체의 진수를 여기서 보는 것 같아 기분이 매우 좋았다. 선생님들도 일단 섬에 들어오면 섬사람이 되어야 한다는 이장 어른의 말 한 마디가 귀속에 남았다.

1950 년대 나의 초등학교 시절 소풍은 소박하고 순수했다. 원족이라 는 말이 아직도 귀에 익어 있다. 어머니가 싸주는 도시락 하나 달랑 들고, 줄을 지어 십 여리를 걸어 행선지에 도착해 보물찾기·술래잡기·장기자랑 같은 놀이를 하고, 점심을 먹고 잠간 쉬었다가 갔던 길을 되돌아온다. 육년 동안 봄과 가을 열두 번을 거의 같은 장소로 다녀오는 단순한 행사지만 그래도 지금까지 잊지 못하고 그때를 그리워하는 것은 소풍과 얽힌 사연들이 많았기 때문이다. 나 역시 아련한 추억들이 많다. 소풍날 아침 용돈을 달라고 울며불며 버티고 떼를 쓰다 목적은 달성하지 못한 채 퉁퉁 부은 눈을 훔치며 지각을 면하려고 부리나케 학교를 향해 내달던 일이 한 두 번이 아니다. 용돈이라고 해봐야 고작 눈깔사탕 한두 개 값이었을 텐데 선뜻 그걸 내어주지 못한 아버지 어머니 마음은 오죽했으랴. 이런 날 밤엔 어김없이 어

머니가 잠든 나의 머리를 어루만지며 눈물을 훔치셨다. 이런 어머니의 마음을 이해한 건 한참 세월이 흐른 뒤였다. 어머니가 만들어준 도시락 반찬은 항상 일등이었다. 쌀을 주고 동네 점방에서 사온 마른 오징어를 정성들여 가위로 자르고 조청을 넣어 볶은 내가 제일 좋아하는 반찬이었다. 다른 친구들 반찬은 깻잎장아찌·무장아찌가 대부분이었음을 감안하면 어머니는 우리 소풍을 위해 노력을 아끼시지 않았는데 철부지의 눈엔 그런 게 보이지 않았던 것이다. 보물찾기는 내가 가장 좋아하는 놀이다. 항상 다른 친구들 보다 훨씬 많은 보물을 찾았기 때문이다. 애써 찾은 여러 개의 보물을 가지고 선생님한테 가면 수고 했다고 하면서 하나만 네가 갖고, 나머지는 다른 친구들과 나누라고 했다. 당시에는 불만이 컸지만 시간이 가면서 훌륭한 가르침을 깨닫고, 그런 가르침을 주신 선생님의 큰 뜻을 알게 되었다. 수건돌리기 놀이도 재미있었다. 내 뒤에다 수건을 놓고 가는 여학생이 있었기 때문이었는지 모른다. 무슨 생각이었는지 그때는 알지 못했지만 나에게 남다른 관심을 가지고 있었던 것이었는지 모른다.

요즈음은 현장 체험 학습이라는 이름으로 바뀌어 옛날과 사뭇 다른 형태로 시행되고 있다. 전세 버스를 동원해 먼 곳에 있는 사적지나 박물관. 이름난 명승지 까지 행선지로 삼아 교과서에서 배운 내용을 탐구하거나 견학을 하는 등 학습을 위한 보조 활동으로 활용되고 있다. 옛날의 수학여행과 같은 개념이다. 수학여행을 일 년에 한 두 번씩 자주 하는 셈이다. 현장학습을 통해 학습도 챙기고, 친구들을 폭넓게 이해하며 사귀는 계기가 되고, 좋은 추억거리를 많이 만들어 마음을 풍성하게 하는 등 종합적인 활동으로 발전되기를 간절히 소망한다.

쑥섬의 가족학교

89년 원량초등학교 봉도 분교장分敎場에 발령을 받았다. 봉도蓬島를 토박이 우리말로 바꾸면 쑥섬이다. 옛날부터 쑥이 많이 자생하는 섬이어서 자연스럽게 붙여진 이름이라 한다. 행정구역은 욕지면 봉도리. 연화도와 욕지도 중간지점에 위치한 고즈넉한 섬이다. 모두 가까운 친인척으로 얽힌 12세대 30여명 남짓한 주민들이 가족처럼 오순도순 모여 사는 동네다. 섬 기층부에 선착장을 중심으로 제법 넓은 공간이 있음에도 불구하고, 굳이 오르내리기 힘든 정상부분에 마을이 형성된 것을 보면 바다 한가운데서 사시사철 바람과 파도에 시달리며 살아온 고통의 역사를 쉽게 미루어 짐작할 수 있다. 교통수단은 하루 두 번씩 찾아오는 여객선밖에 없다. 그도 물이 얕아 객선이 선착장까지 접안하지 못하고, 바다 한가운데 정선하고 있으면서 소형 어선이 사람과 짐을 실어 나르는 위험과 번거로움이 있지마는 주민들은 객선이 다닌다는 사실에 만족하고, 여객선운행에 예산을 지원하고 있는 행정 당국에 고마움을 표시하며 일상생활을 이어가고 있다.

6학년 둘·5학년 하나·3학년 둘·2학년 둘·1학년 하나 전교생이 여덟·보호자가 네 사람이니 넷 집 아이들이다. 보호자들은 서로 가까운 친척으로 언니·오빠·아저씨 조카 사이가 되고, 누나·동생이 되는 셈이다. 이러한 특수성을 감안하여 봉도가족학교라고 이름을 붙여 보았다. 5학년의 ㅂ군은 전교에서 유일한 남학생으로 동성의 친구가 없어 외로움을 느낄 때가 종종 있었을 것이다. 그러나 여자 아이들과 잘 어울리며 두 누나와 함께 상급생의 역할을 잘 해내고 있었다. 학교는 섬 정상에 자리를 잡고 있어 사방팔방 섬 주변을 한 눈에 넣을 수 있었다. 미니 교실 1칸·화장실이 딸린 창고 1동·시골집 바깥마당 크기의 운동장 1면·사택 1동이 학교 재산의 전부다. 마을이 학교 아래쪽으로 상당히 떨어져 있어서 학교에 올라오면 마을과는 동떨어진 딴 세상이 되어 나름대로 좋은 점이 있었다. 운동장 둘레에는 오래된 사철나무와 개나리가 세찬 바닷바람을 막아주고, 운동기구도 구색을 맞추고 있어 아이들이 뛰어 놀고, 체육활동을 하는데 부족함이 없어 보였다. 생활지도도 바다를 제외하면 크게 신경 쓸 일이 없을 것 같았다.

교직원은 나와 기능직 한 사람. 교사는 나 하나 밖에 없으니 5복식 학급이 되는 것이다. 다섯 학년의 교육과정을 소화해서 지도해야 할 막중한 책임 앞에 걱정이 앞섰다. 학년 별 교과서와 지도서를 정리하는데 책장 하나가 부족할 정도로 방대한 교육내용인데 어떤 방법으로 어떻게 지도해야 할지 대책이 쉽게 떠오르지 않았다. 일반학교에서 가르치는 전통적인 방법은 해결책이 되지 못해 처음부터 논외로 하고, 이런저런 궁리 끝에 서당식 지도방법을 적용하기로 했다. 우선 학년 교과별로 교과서를 분석하여 핵심요소를 뽑아내고, 시간표를 학습 내용의 계열을 고려하여 통합 작성하여 운영하였다. 체육. 음악 미술 등 예체능과목은 전 학년 합동수업으로 대처하였다. 매일 아침 고학년 아이들에게 그날 학년별. 과목별 학습과제와 범위를 안내해 주고, 일차적으로 고학년의 과제 지도가 끝나면 저학년의 과제를 고학년이 맡아서 가르치게 하였다. 주로 오후 시간은 나의 보충 지도시간으로 편성하여 학습을 정리하게 하였다. 다행이 고학년 아이들의 학력이 뒷받침이 되어 이 방법이 가능하였으며, 저학년도 오후시간까지 언니들과 학교생활을 함께 하기를 원했기 때문에 아침 9시부터 오후 5시까지 종일반을 운영하면서 소기의 성과를 얻을 수 있었다. 놀이할 때는 남녀 구별이 없다. 축구·피구·자치기·고무줄놀이·사방치기 등 이것저것 가리지 않고 함께 즐겼다. 점심시간이나 자투리 시간은 책 읽는 시간으로 활용하였다.

섬에서 생활하는 사람들은 섬사람들만의 공통점이 있다. 말이 투박하고 행동이 다소 거칠어 보이지만 본 성품은 순박하고 속마음이 여리다. 상대방이 알아주고, 어울려주면 금방 마음을 열고 친숙하게 다가온다. 외부 사람이 들어오면 상당 기간 시험을 해본다. 나도 예외는 아니었다. 학교 시간이 끝나면 마을에 내려가 마을을 돌며 주민들과 어울려 대화를 나누며 가까워지려고 노력했다. 때로는 술대접을 받기도 하고, 술을 살 때도 있었다. 시간이 지나면서 자주 술자리에 초대를 받아 거리낌 없이 이야기를 나누는 이웃이 되어갔다. 처음 두 달 가량 자취를 하면서 근무했다. 학창시절 경험을 살려 불편함은 없었는데 어느 날 한 학부모 내외가 사택으로 찾아와 식사를 제공해주겠다는 제안을 해왔다. 식구끼리의 식사준비도 힘든 일인데 어려운 선생님 식단까지 신경 써야 하는 일을 두고 얼마나 망설였겠는가. 고맙기는 하지만 쉽게 받아들일 수 있는 사안이 아니어서 극구 사양했다. 그러나 막무가내여서 뜻을 완고하게 뿌리 칠 수 없었다. 식대도 받지 않을 테니 반찬 탓만은 하지 말라고 당부하던 그 말이 아직도 귓전에 남아 있다. 다음날부터 신세를 지기 시작했다. 뒤에 들은 이야기지만 지금까지 이 학교를 다녀간 선생님들 중에는 이런 대접을 받은 사람이 없었다고 한다. 내가 부임한 뒤 아이들이 집에서 어른들을 대하는 태도가 달라지고, 스스로 챙겨서 공부하는 모습을 보여줌으로써 상당히 고무적인 생각을 갖게 되었던 것 같다. 음식 솜씨가 수준급이고. 모두 내 식성에 맞아 행복한 하숙생이 되었다. 식대 때문에 번번이 실랑이를 벌이는 일도 행복으로 다가 왔다. 비록 분교장이라고 하지만 유일하게 행정의 손길이 닿는 공공기관으로서 사회 문화시설이 전무한 환경에서 학교가 주체가 되어 주민들의 생활에 도움을 주는 일들을 찾아 실천하였다. 교실과 운동장을 개방하고, 주민들에게 필요한 상비약을 준비해서 제공하였으며, 급한 환자가 발생하면 욕지 보건지소와 연락하여 비상조치를 취하고, 주민들 사이에 이해 다툼이 생기면 중재자로 나서 해결을 도왔다. 부동산을 거래하거나 돈을 빌릴 때 계약서를 써주기도 하고, 할머니와 할아버지의 편지를 대필해주며 꿈같은 시간을 보냈다. 정든 사람들과 더불어 어촌 생활의 진수를 체험하면서 주민들의 포부와 고통을 이해하는 좋은 계기가 되었다. 세월이 빠르게 흘러 우리 집 우리 동네 보다 편하고, 행복했던 섬을 아쉬움을 남기고 떠나왔다. 수년 전 섬 전체를 어느 종교단체에 매각하고 주민들이 모두 육지로 이주했다는 소문을 들었다. 조상대대 살아온 생활 터전을 처분하고 떠나 온 데는 그럴만한 이유가 있었겠지만 아쉬운 마음은 금할 수 없다. 섬을 떠나와 새 보금자리를 마련한 이들의 앞날에 큰 영광과 행복이 함께 하기를 빌고 또 빈다.

방학

가까운 친구들 끼리 자전거 타는 모임이 있다. 날씨가 더워지고, 장마 소식이 들려오니 이쯤해서 방학을 하자는 제안이 들어 왔다. 반대하는 사람 없이 뜻이 모아져 다음날부터 방학이 시작되었다. 장마가 걷히고, 날씨가 시원해질 때까지 자전거 모임에 따른 부담을 덜어 마음이 홀가분해졌다. 방학이라는 이 말은 우리들 모임에서 장난삼아 재미로 사용하는 용어이지만 방학이라는 말 자체의 어감이 좋다. 이 말을 들으면 마음이 가벼워지고, 어떤 구속에서 해방되어 자유를 찾은 기분이 된다. 방학과 악연이 있는 사람이 있을 수 있음에도 불구하고, 그런 사람들까지 포함해서 대부분의 사람들이 같은 생각을 하고, 같은 느낌을 받을 것이라 여겨진다. '방학!' 언제 들어도 부담 없이 친근하게 다가오는 말이다. 공부를 통하여 품성을 다듬고, 지혜를 터득해 사회생활을 영위 해나가는데 필요한 기본 소양과 능력을 기르는 일이 누구에게나 중요한 일임은 불문가지다. 그러나 학교생활은 시간과 공간의 한계가 있고, 규율 같은 제약이 따라다니기 때문에 다소 경직되고, 융통성이 없는 것도 사실이다. 이의 보완책으로 학교생활을 잠시 벗어나 휴식을 취하기도하고, 본인과 주변을 성찰해서 부족한 학습을 보충하고, 색다른 경험을 쌓는 방학생활도 학교생활 못지않게 중요한 일이라 아니할 수 없다.

추억을 더듬어 보면 달갑지 않은 방학도 있었다. 초등학교 시절 춘기방학이 그 중 하나다. 보리논·보리밭에 김매는 시기와 방학기간이 겹쳐 어머니의 일손을 조금이라도 도와야 했다. 아버지가 6.25 직후 입대하시고, 어머니가 아버지를 대신해서 농사를 지으셨기 때문에 나와 동생의 도움이 어머니한테 큰 도움은 아니지만 마음의 위안거리는 되었던 것 같다. 당시는 식량이 부족해서 모든 논밭에 보리를 심어 가꾸었는데 이른 봄부터 보리가 무성해질 때까지 서너 차례 김을 매주어야 했다. 어머니를 따라 김을 매다 보면 방학이 훌쩍 지나가 버린다. 논 1500평 밭 800평에 가까운 전답에서 연일 괭이질을 해야 하니 허리도 아프고, 싫증이 날 때가 많았다. 동네 빈터에서 놀이에 바쁜 친구들이 부러웠지만 가족을 위해 불철주야 고생하는 어머니를 보며 눌러 참아야 했다. 어머니는 가을걷이가 끝나면 땔나무 준비에 매달린다. 지난겨울에도 그랬다. 뇌졸중腦卒中으로 고생하시는 할머니와 고령의 할아버지까지 모시는 처지이면서 연약한 여자의 몸으로 부르튼 손발과 상처투성이의 몸을 이끌고 나무를 해다 나뭇짐으로 집둘레의 울타리를 만든다. 어머니 생애에 가장 힘든 시기였던 것으로 판단된다. 며느리를 애처롭게 여긴 할아버지께서 궁여지책으로 예쁜 망태기 두 개를 만들어 나와 동생에게 하나씩 주면서 어머니를 도와드리라고 했다. 우리에게 일을 시킬 목적보다는 어머니의 말동무가 되게 하고, 혼자가 아니라는 위안거리로 삼게 하려는 할아버지의 배려였다. 그 날 부터 학교 공부를 마치면 어머니를 따라다니며 솔방울을 주어 망태기에 담아 날랐다.

방학은 그래도 친구들과 어울릴 수 있는 시간적 여유가 있어 즐거웠다. 여름 방학엔 소를 먹이러 다니면서 친구들과 어울려 멱을 감기도하고, 산에서 뛰어다니며 나름대로 호연지기를 기르는 시간이 되었다. 그때 튼튼해진 팔다리와 길러진 심성은 사회생활에서 큰 힘이 되어주고 있다. 겨울 방학은 자연이 만든 종합 빙상 놀이터에서 추위를 잊고, 얼음지치기·팽이치기·연날리기 등의 놀이로 시간 가는 줄 모르다가 방학기간이 끝날 무렵이 되면 미뤄두었던 숙제 때문에 고생한 적이 한 두 번이 아니다. 특히 방학 때마다 단골로 등장하는 곤충채집·식물채집·우표수집·옷감 수집 등은 짧은 시간에 해결이 어려워 곤욕을 치르곤 했다. 중고등학교 시절은 방학과제가 많이 줄어 상대적으로 취약한 영어·수학 과목을 보충하는 시간으로 활용할 수 있었다. 시골 농업고등학교에 다니면서 대학 입시를 치러야하는 나의 입장에선 방학은 천금 같은 시간이었다. 다행이 아버지께서 군 복무를 마치고 가정을 튼튼하게 꾸려가는 덕분에 방학 중 모든 시간을 입시 공부에 매달릴 수 있었다. 시골집에 책상이 없어 방학하는 날은 의례히 자취방에서 쓰던 책상을 장차에 싣고 오가던 기억이 생생하다.

공부도 일처럼 재미가 없는 것은 마찬가지다. 좋아서 하는 사람보다는 마지못해 하는 사람이 훨씬 많을 것이라 생각한다. 방학이라는 말이 반갑게 다가오는 것은 상대적으로 학교생활이 방학생활보다 덜 재미있다는 말이 된다. 사람이 하는 일을 세 가지로 나누어 볼 수 있다. 첫 번째는 하기 싫어도 해야 하는 일이다. 본인의 삶은 물론이고, 모든 사람의 생활에 좋은 영향을 끼칠 수 있기 때문이다. 두 번째는 해도 그만 안 해도 그만인 일이다. 상황에 따라 판단할 일이다. 세 번째는 하고 싶어도 해서는 안 되는 일이다. 본인과 다른 사람들에게 불행을 가져다주기 때문이다. 학습의 주체인 학습자는 물론이고, 교육의 주체인 학부모와

교사와 사회가 함께 명심하고, 고민해야할 말이다. 방학생활의 장점을 살려 딱딱한 학교생활을 보완하면서 교육의 효용성을 높이는 유용한 방학이 되도록 본인은 본인대로 학교는 학교대로 지혜를 모아야 할 것이다.

현재 학교 현장에서 이루어지고 있는 방학의 실태를 살펴보면 각양각색인 것 같다. 지역마다 다르고, 학교마다 다른 것 같다. 물론 학교마다 여건을 고려하여 나름대로 운영에 최선을 다하리라 생각되지만 한 번 쯤 성찰이 필요할 시점인 것 같다. 학교마다 방학기간이 달라야 하는지? 방학기간을 찔끔 찔끔 나눠 시행하는 게 효율적인 방법일지? 방학생활을 돕기 위해 학교가 프로그램 개발에 얼마나 노력하고 있는지? 경제적인 낭비는 없는지? 학습자가 방학생활을 설계하는 과정과 절차가 합리적이고 시간이 충분한지?…… 등등 개인적인 나의 생각으론 과거처럼 여름 혹서기·겨울 혹한기에 집중적으로 실시하는 방학을 소망한다. 방학의 수혜자인 학생들에게 여러 모로 도움이 되리라 확신하기 때문이다.

주말 농장

가을걷이가 시작되었다. 들판 군데군데 콤바인이 어슬렁거리며 벼를 베고, 낟알을 털어내 농로 한쪽에 대기하고 있는 트럭에 실어준다. 콤바인이 굴뚝에서 지푸라기 먼지를 뿜어내고, 요란한 기계음이 간간이 잦아들다가 살아나고, 다시 잦아들기를 반복한다. 옛날의 타작마당에 비하면 여유까지 엿보이는 한가로운 풍경이다. 품앗이에 얽힌 이웃의 인정과 논바닥에 둘러앉아 나눠먹던 들밥의 정감을 느낄 수 없는 것이 아쉽기는 하나 먼지와 땀으로 얼룩진 어머니의 얼굴이 눈에 띄지 않고, 아버지의 지게가지가 보이지 않아 마음 편하다. 풍년이라는 말이 예전처럼 반갑게 들리는 말은 아니나 주위에서 만나는 농부들 마다 올해는 근래에 보기 드문 풍년이라며 반긴다. 눈길 닿는 곳마다 가을바람의 지휘에 맞춰 일렁대는 황금물결은 한 폭의 수채화요. 벼이삭의 다정한 속삭임은 한편의 전원 교향곡과 다름없다. 자연의 섭리를 존중하며 땀과 정성을 다하여 빚어낸 농부들의 위대한 걸작이 아니고 무엇이랴.

가을 채소를 걷어 들일 때가 되었다는 생각을 하며 농장으로 향하는데 농장이 가까워질수록 발걸음이 자꾸 무거워진다. 작황이 워낙 나쁘기 때문이다. 농장에 들어서니 무와 배추가 무서리를 뒤집어쓰고 해바라기를 하고 있다. 주인을 반기는 살가운 기색이 아니다. 좋은 주인을 만나 싱싱하게 잘 자란 주위의 무와 배추를 가리키는 싸늘한 눈길이 예사롭지가 않다. 같은 밭에 같은 씨앗을 뿌려 나름대로 땀을 흘리고, 정성도 쏟을 만큼 쏟았건만 누가 봐도 상황이 너무 다르다. 열정만 앞세워 자신들의 생리와 요구를 무시한 채 고생만 시켰고, 제대로 자라지 못하고 병충해까지 입은 볼썽사나운 모습으로 만든 야속한 주인을 원망하고 항의하는 시위가 틀림없다. 이들의 이유 있는 항변과 시위를 마주하니 그동안의 잘못에 대한 자괴심과 연민의 정으로 몸이 달아오른다.

지난 3월. 40여년의 공직생활을 마감하고, 새로운 삶을 모색하면서 퇴직을 함께하고 뜻을 같이하는 친구들이 모여 주말농장을 가꾸기로 하였다. 대부분 농사에 대한 지식과 경험은 부족했지만 의욕은 넘치는 듯하였다. 자신의 땅을 선뜻 빌려준 친구의 호의에 감사하며 쇠파이프와 비닐을 구입해서 농막을 짓고, 필요한 집기와 농기구를 장만하여 잡초가 무성한 논바닥을 일구고, 채소 씨앗을 뿌리는 일로 봄철 농사를 시작하였다. 땅거죽을 뚫고 얼굴을 내민 새싹들의 앙증스럽고 귀여운 모습에 마음이 끌려 걸음을 자주 하였고, 물을 주고 잡초를 뽑으며 한동안 쏠쏠한 재미를 즐겼다. 그러나 날이 갈수록 귀엽던 모습이 차차 거칠어지기 시작하더니 나중에는 하나 둘 병색을 드러내었다. 기대하는 만큼 자라지도 않았다. 거름이 부족한 탓이라 여겨 비료를 더 주고 물도 더욱 열심히 주었다. 그러나 상황은 더욱 나빠졌다. 이렇게 첫 봄 농사를 실패하고, 고추농사를 시작하였으나 고추농사 역시 재미를 보지 못하였다. 처음에는 잘 되어 가는듯하여 기대를 모으기도 했다. 열매를 따서 친지들에게 나누어 주며 자랑까지 했는데 장마와 더불어 한 차례 태풍이 지나가고 나니 병이 들어 잎과 줄기가 한꺼번에 시들고 말았다. 두 번의 실패를 거울삼아 가을 작물인 무와 배추 농사라도 제대로 지어 보자는 생각이 들었다. 슬며시 경쟁심도 발동하여 다른 친구들 보다 일찍 씨앗을 뿌리고, 모종도 일찍 서둘렀다. 밑거름을 많이 넣고, 열심히 물을 주며 정성을 들였으나 다른 친구들이 가꾸는 무 배추에 비해 활착이 늦고 성장도 늦었다. 요즘엔 잎이 마르는 병까지 발생하여 애를 태운다. 새로운 생활의 활로를 찾기 위해 시작한 한해의 농사는 이렇게 연이은 실농으로 끝을 맺게 되었다. 뒤늦게 원인을 알아보기 위해 농촌기술센터에 토양 검사를 의뢰하고, 기술 자문을 받았다. 담당공무원의 친절한 설명을 듣고 알게 된 실농의 원인은 땅과 작물의 성질을 몰랐음이 그 첫 번째요, 거름과 물을 지나치게 많이 준 것이 그 다음이요, 씨를 뿌려 옮겨 심고, 병충해를 예방하고 구제함에 있어 적기를 놓친 것도 그 하나였다. 자연의 섭리를 존중하는 일과 정성이 농사의 요체이며 경계해야 것은 지나친 관심과 과잉보호라는 부연 설명을 들으니 농사짓는 일과 아이들 기르는 일이 크게 다르지 않다는 생각이 들었다.

며칠 전 운동을 하러 가는 길에 집 근처에 있는 초등학교 앞을 지나게 되었다. 학원 강사들로 보이는 사람들이 방학식을 마치고 교문을 나서는 아이들에게 전단지를 나누어 주며 홍보에 열을 올리고 있고, 한쪽에서는 수강신청을 하는 학부모들이 장사진을 이루고 있었다. 최근 방학하는 날이면 여느 학교에서나 볼 수 있는 풍경이다. 방학은 학교생활에서 벗어나 가족과 함께 자연 속에서 호연지기를 기르고, 교실에서 배운 내용을 현장을 찾아 확인하기도 하고, 학교생활에서 경험할 수 없는 다양한 체험을 통해 교양과 견문을 넓힐 수 있는 좋은 기회가 아니던가? 그러나 이와 같은 방학의 의미를 아는지 모르는지 교육적인 효과를 따져보지도 않고 아이들의 의사와 관계없이 학부모들의 지나친 욕심과 성화가 학교공부와 다를 바 없는 학원공부에 아이들의 덜미를 잡혀주고 있는 것이다. 자녀들의 숙제를 대신해주고, 족집게 과외를 시켜야하고, 기러기 가족이 되어야 훌륭한 학부모 반열에 오른다는 우스갯소리가 교육현장 주변에서 자주 들려오니 걱정스럽다. 부모들의 과잉보호와 강박관념이 도를 넘은 것이 아닌지 모르겠다. 아이들의 지친 모습과 무서리를 뒤집어쓰고 주인의 처사에 항의하는 농장의 무 배추 모습이 자꾸 포개진다.

지난해의 실패를 거울삼아 새해에는 땅의 이야기·작물의 이야기·하늘의 이야기·전문가의 이야기들을 많이 들어서 튼튼하고 싱싱한 무 배추를 농장 가득 채우고 싶다. 새봄이 기다려진다.

취미

시골 동네에 악대가 나타났다. 생전 처음 보는 구경거리를 놓칠세라 아이들·어른들까지 모두 나와 동네 놀이터를 메운다. 교복 차림의 중·고등학교 학생들로 구성된 단원들이 황금빛 나팔을 불어 신명을 돋우고, 구경꾼들도 환호하며 가세하니 분위기가 금세 절정에 이른다. 몇몇 연주에 참여하지 않는 대원들은 교회의 선전용 책자를 나누어 주며 교회에 나오라며 부추긴다. 다들 교회와 책자에는 관심이 없고, 처음 보는 나팔과 연주에 넋을 잃고 있었다. 나 역시 정신이 뽕 갔다. 며칠이 지나도 좀체 들뜬 마음이 가라앉지 않고, 악기에 대한 호기심과 단원들의 흥미진진한 연주모습들이 머릿속을 맴돌았다. 자라면 단원들처럼 멋진 나팔을 갖고, 멋진 연주를 하고 싶은 마음으로 가슴이 출렁거렸다. 그때 받은 인상과 충동이 얼마나 강렬했던지 지금까지 뇌리에 생생하다. 6.25 휴전 직후 내가 초등학교 입학할 무렵의 이야기다. 60년이 훌쩍 지난 이야기지만. 이 일은 나와 색소폰이 인연을 맺는 데 결정적인 동기가 되었던 듯하다.

특기나 취미는 우연찮은 기회에 큰 힘을 발휘할 때가 많다. 특히 군 생활 중에는 그 위력이 상상을 초월하고, 효험도 빠르다. 우리 부대 ㄱ상사는 근무시간 관계없이 아무 때나 ㅂ일병을 불러 바둑을 즐겼다. 다른 병사들이 훈련을 받거나 사역에 동원되어도 ㅂ일병은 특과다. 사교춤 잘 추는 사병을 당번병으로 차출하여 사모님 사교춤 선생으로 모신 지휘관도 있었다. 군이라고 하는 특수한 집단이기에 이런 비정상적인 일들이 가능하고 사회에 노출되지 않으니 근절도 안 된다. 부대의 특성에 따라 합법적으로 스포츠 구단을 조직 운영하기도 하고, 선무활동을 위해 연예 위문단을 조직 운영하기도 한다. 이와 같은 특수부대에 종사하는 병사들은 특별한 대접을 받는다. 개인의 취미와 특기생활을 즐기면서 군인 아닌 군인으로서 병역의무까지 수행하는 일석이조의 특혜를 누리는 것을 보아오면서 취미나 특기의 중요성을 뼈저리게 느낀바 있다. 취미나 특기는 자아실현의 수단이 되기도 하고, 사회생활과 직장생활에서 인간관계를 부드럽게 하며 과업을 달성하는 촉매제가 되어 기계의 윤활유처럼 중요한 역할을 할 때가 많다.

초·중·고·대학까지 긴 학창시절을 보내고 현직에 근무를 하면서도 산골 소년 시절부터 오매불망 그려오던 작은 꿈 하나를 현실로 드러내지 못하고, 취미 없는 사람·특기 없는 사람으로 무미건조한 삶을 살아 온 것이 후회로 남았다. 핑계나 변명의 여지가 없었던 것은 아니지만 늘 현실에 안주하며 매사 적극적이지 못했던 나의 성격 탓으로 여겨진다. 퇴직을 하면서 스포츠댄스를 시작 했다. 아내와 함께 하는 활동이라 의미가 매우 컸다. 나와 결혼 하여 50여년. 한 결같이 가족을 위한 일념으로 본인을 철저히 희생하고, 봉사해온 고맙고 장한 여인이다. 마음의 빚과 고마움에 조금이나마 보답하기 위해 남은 삶 동안 모든 활동을 아내와 같이 하기로 다짐하고 약속했다. 아내는 나의 제안을 크게 기뻐하며 흔쾌히 수용해 주었다. 그날부터 우리부부는 새로운 취미생활로 새 삶을 시작하였다. 예전엔 일반인들 사이에 부정적인 인식이 있었던 영역이라 신경이 쓰였으나 지금은 대중화되고, 부부가 함께하는 사람들이 대부분이어서 사실과 사뭇 달라 마음의 부담은 이내 사라졌다. 재미도 있고, 건강에도 큰 도움이 될 것 같았다. 시간이 흐르면서 회원들과도 쉽게 친숙해지고, 자연스럽게 동호회가 만들어 져 생활정보를 나누게 되고, 작은 경험들까지 공유하면서 친목을 도모해나가는 새로운 사귐의 장으로 발전되어 갔다. 긴장과 경쟁의식으로 점철된 직장생활에 비해 한결 자유롭고, 융통성이 많은 점도 자신감과 체력이 떨어지는 노년생활에 매우 긍정으로 작용하는 등 취미생활의 다양한 효과를 누리면서 삶의 질 또한 한결 나아지는 것 같다.

5년여. 우리부부가 함께한 취미생활로 제2의 삶을 누리며 행복감에 젖어 즐거운 시간을 보내고 있을 즈음 아내의 시력이 급격히 저하되고, 변비가 심해지는 등 건강상태가 점점 악화 되더니 급기야 심한 우울증까지 동반하여 정상생활이 어려운 상황에 이르렀다. 어렵게 시작한 취미활동을 아쉬운 과제로 남기고, 아내의 치료에 전념하게 되었다. 우리 가정에 닥쳐온 이 불행의 파도는 모든 것을 엉망으로 만들어 버렸다. 치료를 위해 백방으로 노력했으나 결과는 시각장애자. 장루장애자로 발전되어 나라의 지원과 요양보호사의 도움을 받으며 힘들게 삶을 이어가기에 이르렀다. 한 때는 애꿎은 신과 조상님들께 원망의 화살을 돌리고, 야속한 심정을 토로하기도 했지만 이제는 우리 가족의 운명으로 이해하고 받아들인다.

뒤 늦게 색소폰 공부를 시작했다. 일흔 세 살 때였으니 늦깎이다. 심신의 건강을 유지하고 관리를 위해 내가 나에게 투자하는 유일한 시간이요 유일한 활동이다. 하루 중 아내의 돌봄 활동에서 자유로운 소중한 시간이기도 하다. 아내를 끝까지 지켜주기 위해 나만이라도 건강해야한다는 의지의 발로다. 요양보호사가 방문하여 아내를 돌보는 시간을 최대한 이용하고 있다. 생애 마지막 취미활동이라 생각하고 열심히 나팔을 불어 댄다. 어릴 때 갖고 싶었던 나팔을 마음껏 주무르고, 불기도하니 뜻한 바에 미치지는 못해도 소원은 이룬 셈이다. 연습실에 들어서면 잡념이 사라지고, 마음이 한 없이 편해진다. 여기서도 동호회 활동이 이루어지고 있으나 아쉽게도 형편상 참여하지 못하니 반 쪽 취미 생활이라 하겠다.

내가 못 이룬 꿈을 손자에게 이어주기 위한 노력도 병행중이다. 십 수 년 전 손자 녀석이 초등학교 4학년에 진학할 무렵 색소폰을 사주고 학원비용까지 부담해 주었더니 싱글벙글하며 좋아하였다. 일찍부터 피아노 레슨을 받아 음악에 대한 기본 소양을 갖춘 데다 타고난 자질도 있는 듯 발전 속도가 매우 빨랐다. 고등학교에 진학하면서 잠시 보류하고 있는 상황이다. 지금은 국내 유명 공대에서 석사과정을 밟고 있지만 소정의 학업을 마치면 다시 시작하겠다고 다짐하고 있어 마음 든든하다. 취미가 특기로 바뀌어 자아실현과 풍성한 삶을 누리는데 큰 보탬이 되기를 소망한다. 나의 꿈이 완성되기도 하고…….

우리의 소원은 통일

> 우리의 소원은 통일/ 꿈에도 소원은 통일/ 이 정성 다해서 통일/ 통일을 이루자// 이 나라 살리는 통일/ 이 겨레 살리는 통일/ 통일이여 어서 오라/ 통일이여오라//
>
> -『우리의 소원』 노래 가사

통일을 염원하는 우리나라의 민족적 애창곡이다. 한때 우리국민들 사이에서 선풍적인 인기를 모으며 널리 불리던 노래다. 서정적인 가락과 노랫말에 함축되어 있는 통일에 대한 우리 민족의 간절하고 강렬한 소망과 의지가 녹아 있어서 의식행사나 회식자리는 물론 사람들이 모이는 자리에 자주 초대되어 후한 대접을 받던 노래다. 부르는 사람이나 듣는 사람에게 친근감을 주면서 큰 사랑을 되돌려 받은 데는 그럴만한 이유가 있었던 것 같다. 노래자체가 가지고 있는 매력에 더하여 통일에 대한 우리 국민들의 바람과 열망이 워낙 절실하고, 그만큼 기대치가 높았기 때문이 아니었을까 하는 생각이 먼저 떠오른다. 해방과 분단. 동족상잔의 비참한 현실을 눈으로 보고, 피부로 느끼면서 통일에 대한 갈망이 최고조에 이르렀던 시대적 배경 또한 한 몫 거들었을 것이다. 판문점 도끼 만행 사건·프에블로호 피납 사건·무장공비 청와대 습격 사건·울진-삼척 무장공비 침투 사건 등과 같이 휴전선을 무대로 북한이 저지른 갖가지 크고 작은 만행과 도발들은 우리 국민들을 불안의 도가니로 몰아넣었고, 대남공작의 일환으로 남파된 간첩들이 사회질서를 어지럽히고, 국력의 낭비와 경제적 손실을 초래하는 혼란스런 현실에서 이 모든 일련의 사건과 현상들이 남과 북의 분단 때문이라는 국민적 공감대가 널리 형성되었고, 이를 바탕으로 통일의 당위성과 절실함이 모이고, 뭉쳐서 이 노래를 통해 표출 된 것이 아닌가 하는 생각을 해본다.

통일에 대한 진전은 없고, 세월만 무심히 흐르니 우리 국민들이 모두 지친 탓일까? 뒤늦게 통일의 높은 장벽을 실감하고, 아예 포기하며 물러 선 것일까? 그때 일었던 통일의 명분과 담론은 어디로 가고, 통일에 대한 염원마저 싸늘히 식어 옛날의 열기를 찾아보기 힘든 요즈음이다. 뒤돌아 생각해보니 나도 이 노래와 함께 통일이라는 단어를 까마득하게 잊고 살아온 세월이 언제부터였는지 기억에 더듬어지지 않는다. 우리 정부나 국민들이 통일에 대해 전혀 무관심했거나 손을 놓고 있었던 것은 아니다. 1970년 8.15 경축사에서 밝힌 박대통령의 남북 화해와 평화를 위한 선언을 기점으로 남북 적십자회담이 열리고, 7.4 공동 성명도 발표되었다. 우리는 이 두 가지 역사적인 사실을 통해서 어떻게든 대화의 물꼬를 틔워보려는 우리정부의 노력과 국민의 열렬한 지지를 생생하게 지켜보았다. 우리가 지켜보는 가운데 이산가족 상봉을 주선하고, 이들의 고통을 덜어주기 위한 남북 적십자 회담이 25차에 걸친 예비회담과 10여 차례 본 회담을 이어갔으나 정치성을 배제하고, 순수하게 인도주의적 차원에서 회담을 이끌어 보려는 우리 정부의 노력과는 달리 번번이 이전의 합의사항을 번복하고, 오로지 정치적 목적에 집착하여 회담과 행사를 악용하려는 북쪽의 억지 주장과 생떼를 여과 없이 목도하였다. 이와 같은 북쪽의 행태에도 불구하고 십여 년 넘게 허송세월을 하면서도 우여곡절 끝에 고향 방문단과 예술 공연단 교환방문이 어렵게 성사되었고, 수차례 이산가족 상봉까지 이루어졌으나 그들의 정치적 목적과 행사 진행과정에서 노출되는 그들의 치부 때문에 중단되고 말았다.

김영삼 대통령과 김일성 주석의 정상회담은 김주석의 갑작스런 죽음으로 무산 되었다. 그 후에도 수차례 대통령들이 관계 개선을 위해 정상 회담 길에 올랐으나 결론적으로 말하자면 별다른 성과 없이 후유증만 남겼다. 정상회담의 주 의제와 목적이 북한으로 하여금 핵무기개발을 포기 하도록 하는 일이었음에도 불구하고, 여기에 대한 진전은 전혀 없었다. 물론 회담결과 발표문에는 미사여구와 함께 그들이 곧 핵무기개발을 포기할 것 같은 희망적인 내용이 주류를 이루었다. 정부의 이 발표를 믿고 국민들이 속고, 환상에 젖어있는 사이 이들은 마음 놓고 핵무기를 더 열심히 만드는 결과를 초래하였다. 정상회담에서 무슨 이야기를 나누었는지. 무슨 합의를 보았는지. 무슨 짬짜미가 있었는지 우리국민들은 모른다. 회담 직후 발표내용과 현실이 전혀 다른 방향으로 전개되고 있으니 달라도 너무 다르다. 핵무기 포기를 위하여 우리가 치른 대가와 방북 경비가 그들의 핵무기 개발 비용으로 둔갑하지 않았다는 증거 정황도 없다. 그들은 다른 부수적 합의 사항들마저도 합의문서에 잉크가 마르기도 전에 억지주장과 생트집으로 일언반구 상의도 없이 일방적으로 파기하지 않았던가. 더욱 수상한 것은 북쪽에서 이미 파기한 합의 사항을 우리 정부만 금과옥조로 삼아 실천하려고 안간힘을 쓰는 저의가 무엇이었는지 궁금하다. 회담 결과가 이렇게 참담함에도 이 문제에 대해 해명을 하거나 북한을 향해 항의 한 마디 하는 대통령도 없고, 관리도 없다. 우리나라 대통령들 마다 본인의 정치적 입지를 위해 의도적으로 국민을 속인 건지. 북한이 북한 인민과 우리나라 대통령을 속인 건지 그 진실을 알고 싶다. 다만 합리적인 의심의 눈초리로 주시하며 때를 기다릴 뿐이다.

한 때 햇빛 정책이라는 말을 많이 들었다. 겉으로 보기엔 달콤하고, 그럴싸하게 들리는 말이다. 북한을 따뜻하게 도와주면 체제를 바꾸고, 개방하여 보통사람들이 사는 세상으로 나올 것이라고……. 이 또한 참담한 결과를 가져왔다. 북한이라고 하는 집단의 실체를 잘못 판단해도 너무나 어처구니없는 오판임이 들어났다. 분단 이후 북한이 줄곧 보여준 상식을 벗어난 행태들을 고려하면 이런 정책을 결정한 대통령이나 관료들이 이 기본적인 사실을 두고 시행착오를 초래할 정도의 수준은 아니었을 텐데 이 역시 우리 국민들은 궁금해 하고 있다. 애초부터 남북관계의 개선보다는 다른 목적에 방점을 찍어 놓고, 추진한 정책은 아니었는지. 정상회담 전후 회자되고 있는 상상을 뛰어 넘는 거액의 대가와 노벨 평화상이라는 엉뚱한 상패도 맘에 걸린다. 이와 같은 정국의 흐름과 통일에 대한 상황 인식 변화 사이에 상당한 상관관계가 있었을 것으로 추정된다.

통일은 반드시 성취해야할 우리민족의 소명이요 중요한 과제다. 선택지 중의 하나가 아니다. 통일을 해야 하는 당위성과 명분은 자명하다. 북한 주민과 영토는 헌법적으로 우리 국민이며 우리 영토다. 우리민족은 수 천 년 동안 단일 민족으로 같은 땅 위에서 역사를 함께하며 살아 왔다. 통일을 이루기까지는 많은 힘든 고비가 있을 것이고, 통일 비용도 만만치 않을 것이다. 단단한 각오와 대승적인 마인드가 필요하다. 비합리적이고, 독재적인 북한 체제는 필연적으로 무너지게 되어 있다. 서서히 그 조짐이 다가서고 있는 모습을 스스로 보여주고 있다. 만에 하나 북한 주민들과 땅의 주인이 중국이나 소련으로 바뀌었을 때를 상상해보자 얼마나 끔찍한 악몽인가? 통일 후 북한을 개발하고, 개혁하는 과정에서 많은 일자리들이 만들어 지고, 새로운 기회들이 손짓하게 될 것이다. 이보다 더 확실한 명분과 당위성이 있겠는가.

우리는 정부·방송언론·학교·국민 모두가 혼연 일체가 되어 통일 과업에 나서야한다. 모두 한 마음으로 뭉쳐서 통일을 준비하자! 정부는 북한 당국과 북한 인민을 구별하여 타도의 대상과 품어 안아야 할 대상을 엄격히 구별해야 한다. 비위를 맞추는 일이나 눈치 보는 일이 더 이상 있어서는 안 된다. 당당해져야 하며 철저하게 실리적이어야 한다. 비효율적인 회담이나 대화의 방식을 지양하고, 안보태세를 굳건히 하며 한·미·일 동맹과 우방 그리고 국제사회와 협력하여 북한당국을 철저하게 고립시켜 체제의 붕괴를 유도하는 한 편 국방력을 극대화시켜 만일의 사태에 대비 해 나가야 할 것이다. 북한 주민들에게 우리의 실상과 우리체제의 우월성을 알리면서 통일 후 펼쳐질 새로운 삶에 대한 비전과 기대효과를 널리 홍보하여 통일에 대한 이해와 호응을 이끌어 내어야한다.

학교·언론도 적극적인 통일 교육에 나서야한다. 각 학교는 통일이 원만히 이루어지고, 안정될 때까지 한시적으로라도 통일교육내용을 교육과정에 편성하여 체계적인 교육을 통해 힘을 보태야 할 것이며 방송과 언론도 통일에 대한 국민들의 합의를 이끌어 내고, 통일 대업에 나서는 국민의 자세와 통일 후의 비전과 통일 과정에서 예상되는 희생과 부담에 이르기 까지 상세한 정보를 제공하는 프로그램을 기획 제작하여 대국민 홍보와 계도에 나서야 할 것이다. 통일은 반드시 이뤄질 것이고 그 시기도 눈앞에 다가 왔다고 보여 진다. 국민들이여 통일 대업에 마음을 열고 기꺼이 동참하기를 호소한다.

『통일이여 어서 오라』『통일이여 오라』

부모는 가장 훌륭한 스승이다

동물의 생활은 단순하다. 먹이를 사냥해 배를 채우고, 포식자의 위협을 피해 달아나거나 숨는 행동이 생존의 가장 중요한 수단이다. 따라서 어미가 새끼를 낳아 기르면서 중점적으로 훈련시키는 것은 체력 단련이다. 강인한 체력은 먹이를 사냥하거나 도망치는 데 필수적인 요소가 되기 때문이다. 단계에 따라 어미의 시범을 통해 먹이 사냥방법을 철저하게 체득 시킨다. 날짐승들도 마찬가지다. 하늘을 나는 능력과 먹이를 사냥하는 능력을 향상시키는데 훈련의 중점을 두고 집중한다. 나머지 대부분의 생활은 본능에 의존하는 것 같다. 단련기간도 매우 짧다. 사람의 공동체 생활은 매우 복잡다단하여 교육의 내용과 방법도 복잡하고 교육기간도 길 수 밖에 없다.

사람의 교육은 태교로부터 시작된다. 생명을 잉태하면서

부터 몸가짐을 바르게 하고, 보기 좋고 맛있는 음식을 골라 먹으며 좋은 생각과 행동을 하려고 노력한다. 옛날이나 지금이나 태교의 중요성이나 방법은 별반 다르지 않다. 태교의 주체는 당연히 어머니가 된다. 뱃속 아이와 감각적으로 교감하며 좋은 이야기책을 읽어주거나 좋은 노래를 들려주며 태교에 정성을 쏟는다. 아이가 태어나면 제일먼저 만나는 사람이 어머니이며 눈길을 처음 주고받는 사람도 어머니다. 자라는 동안 아버지의 역할이 늘어가지만 어머니에 미치지 못한다. 부모들의 일거수일투족. 표정과 말 한 마디는 아이가 평생을 살아가는 데 큰 영향을 끼친다고 한다. 부모가 모두 교육의 전문지식을 갖춘 것은 아니지만 자녀에 대한 어버이의 마음과 행동 저변에는 이 세상 무엇과도 바꿀 수 없고, 누구도 대신해 줄 수 없는 절대적인 사랑이 존재하고 있기 때문에 부모를 능가하는 선생님은 없다. 옛날의 전통적인 교육제도 아래서는 스승의 인품이나 학문의 깊이가 제자에게 끼치는 영향이 막대해서 전국을 돌아 훌륭한 스승을 찾고, 한 스승님 밑에서 장기간 숙식을 함께하며 수학하는 경향이 많았으나 작금의 학교제도 아래서는 운 좋게 훌륭한 선생님을 만나도 오랜 시간 계속해서 배울 수 있는 환경이 아니기 때문에 어린 시절 오랜 기간 생활을 함께해야 하는 부모님의 교육적 역할은 더욱 중요하다고 생각된다.

그러나 학교 현장에서 교육에 종사하고 있는 선생님들을 만나보면 상황이 다른 것 같다. 가끔 언론에 보도되는 교육 현장관련 기사들도 이를 증명하고 있다. 학부모와 학생들의 도를 넘는 일탈 행동이 큰 문제가 되고 있는 듯하다. 과거에는 그래도 내 아이 네 아이 가리지 않고, 전체를 생각하며 학교를 믿고 문제를 해결하려고 노력해왔었는데 지금은 오직 내 아이 하나에게만 초점을 맞추고. 그것도 아이 말만 듣고, 사실은 도외시한 채 다짜고짜 학교를 흔들어대니 선생님들의 사기가 꺾이고, 소신도 무너지고, 사명감마저 허물어지고 있다는 하소연이 절로 나온다고한다. 교육대학 재학시절 귀가 아프게 들어온 교육의 삼위일체 가정·학교·사회가 힘을 합해야 교육의 목적을 달성할 수 있다는 말이 갈 곳을 잃은듯하여 씁쓸하기 그지없다. 학교교육의 주체인 선생님들의 교권이 이런 지경에 이르렀다면 학교교육에 무엇을 바라고 기대할 수 있겠는가. 참으로 안타까운 현실 앞에 참담함을 금할 수 없다. 교육을 백년대계라 하는데 위정자들에게 교육 현장을 면밀히 들여다보고 학교와 선생님들의 사기를 진작시켜 교육을 바로 세우는 노력을 기울여줄 것을 간절히 호소한다. 학생들의 인권 운운하는 말도 함부로 쓰지 않기를 권한다. 학생은 배우는 사람들이다. 배우기 싫어도 배우려고 노력해야하는 사람들이다. 세상일에는 하기 싫어도 본인과 주위사람들을 위해 꼭 해야 될 일이 있고, 반대로 하고 싶어도 해서는 안 되는 일이 있다는 것을 간과해서는 안 된다. 그렇다고 학생들의 인권을 무시하자는 말은 절대 아니다. 학생으로서 책임과 권리가 균형을 잃지 않는 선이 있다는 사실도 잊어서는 안 된다. 학생이 잘못을 저지르면 선생님의 주의와 훈계는 지극히 당연하고, 만일 선생님이 학생이나 학부모의 눈치를 살펴 나무람과 설득을 피한다면 이는 선생님의 직무 유기이고, 스승으로서의 자격이 없다는 이 평범한 진리가 왜 문제가 되는지 모르겠다. 선생님들이여 부디 본연의 자세로 돌아가 권위와 소신과 사명감을 되찾아 이 나라의 교육을 바로 세운다는 자부심으로 매진해주기를 간곡히 부탁드린다.

옛날 라디오나 TV 연속극 중 아직도 기억에 남아 있는 프로그램들이 많다. 웃으면 복이 와요·한 지붕 세 가족·전원일기 등이 그들이다. 장수 프로그램으로 자리를 굳혀 오랫동안 청취자 또는 시청자들로부터 사랑을 받은바있다. 이들은 하나같이 사회정의와 공동선을 주제로 국민들을 계도하고 이끌어 가는 소금 같은 역할을 하며 사회정화의 든든한 버팀목이 되었었다. 그러나 최근에는 눈을 씻고, 귀를 닦고 찾아봐도 이런 내용의 방송을 찾아 볼 수 없다. 청소년들의 일탈행위 현장에서도 준엄하게 나무라고 설득하는 어른들이 사라졌다. 사회교육의 큰 축이 무너진 셈이다. 언론기관·지식인·어른들이 함께 손잡고 제 자리를 찾아 이 난국을 헤쳐나아가기를 소망한다.

학부모들이 관심을 가져야할 분야가 많다. 덕목들 중에는 중점적으로 지도해야할 시기가 있는 것들이 있어서 이 시기를 놓치지 않도록 세심한 주의가 필요하다. 특히 취학 이전에 부모가 관심을 가지고 가르쳐야할 사항들을 열거해 보면 생활 습관·기본예절과 배려·자립심과 주인정신·책임감·극기심·나쁜 버릇교정 등이다. 이런 덕목들은 아이가 앞으로 이어갈 학교생활·사회생활·삶의 전반에 걸쳐 바탕이 되고, 나침반역할을 톡톡히 해나갈 것이다. 틈틈이 좋은 책을 읽어주거나 읽게 해서 상상과 생각의 폭을 넓히는 노력도 중요하다. 부모는 아이들의 거울이요 아이들은 부모의 거울이라는 말이 있다. 부모는 가장 훌륭한 스승이다. 부모의 인품과 언행은 고스란히 아이들의 빈 그릇에 담기기 마련이다.

정채상 수필집

물처럼 살리라

초판1쇄 발행 2024년 10월 18일

지은이 정채상
펴낸이 이길안
펴낸곳 세종출판사

주소 부산광역시 중구 흑교로 71번길 12 (보수동2가)
전화 051－463－5898, 253－2213~5
팩스 051－248－4880
전자우편 sjpl5898@daum.net
출판등록 제02-01-96

ISBN 979-11-5979-719-4 03810

정가 17,000원